THE LITTLE RED BOOK OF
FLY FISHING

Kirk Deeter
&
Charlie Meyers

鱒釣師のための 250 のヒント

——サラ・ディーターとダイアナ・マイヤーズに捧げる

目次

CONTENTS

CONTENTS

パートⅣ フライ 159

CONTENTS

パートV　その他、いろいろなこと　*201*

CONTENTS

真の名人は魚になって水辺を見渡す。禅でいうところの「悟り」の境地である。科学的な思考や自然科学的な分析の遙か彼方にその世界はある。新開発のフライラインやフライロッドを手に入れたところで、その世界が近づくことはない。

——ジョン・ギラーク

謝辞

このプロジェクトを中心になって進めてくれたジョイ・キャッセル、継続的に我々をサポートしてくれたティム・ロマノ、フィールド・アンド・ストリームとザ・デンバー・ポストの仲間、そしてもちろん、私たちの家族とフライフィッシング仲間に心から感謝したい。

はじめに

チャーリーと私のつながりは1本の電話で始まった。２００2年のある日、私は散々迷ったあげくにザ・デンバー・ポスト紙でアウトドア関連の書籍レビューを担当していたチャーリー・マイヤーズに売り込みの電話を掛けたのだ。たぶんムダだろう、でも、もしかするとこの男なら自分の本の良さを分かってくれるかもしれない。というのも、それまでポスト紙に掲載されてきたチャーリーのブック・レビューを読む度に、どこかしら自分に似た感覚があるような気がしていたのだ。祈る思いで電話口から聞こえてくる声を待っていた私に、チャーリーは信じられない言葉を発したのだった。

「ちょうど今読んでるところだ。なかなかイイじゃないか。週末は空いてるかい？　釣りに行こうよ」

すでに読んでくれていた！　返答次第でその日のうちに新聞社へ本を送り付けようと考えていた私は、驚きと喜びのあまり言葉を失い、電話を切った後もベッドに入るまでその興奮は収まらなかった。その後私たちは一緒に釣りをして、チャーリーは私の本のレビューを公平に、しかし恐らく少しだけ好意的に紙面に載せ、また釣りに行き、食事をして、釣りをして、それが繰り返され、やがてチャーリーは私にアウトドア・ライティングについてのアドバイスをしてくれるようになった。こうしてチャーリーは私のメンターになったのだ。

ふたりで1冊の本を作らないかというアイディアは自然発生的に生まれた。年齢が離れているふたりだからこそ、さまざまな世代に響くフライフィッシングの本を作ることができる。私たちはそう信じた。では世代を超えて、フライフィッシャーはいったい何を求めているのだろう？そう考えた時、当初イメージしていたフライフィッシング紀行文集よりも、もっと具体的で、実用的で、啓発的で、創造的な「フライフィッシングのヒント集」というアイディアが浮かんできたのだった。レフティ・クレイやリー・ウルフといったフライフィッシング界のレジェンドと一緒に世界中で釣りをしてきたチャーリーと、アラスカからパタゴニアまで数多くの一流ガイドと釣ってきた私の知見を合わせれば、これまで書店に並んでこなかった画期的な本を作ることができるのではないか。私たちはそんなイメージを徐々に膨らませていった。

ふたりが信じた私たちの強みとは、決して魚釣りがうまい、もしくは名人である点ではない。ふたりが共にアウトドア最前線における時代の観察者であり、目撃者であり、報告者である事実だ。我田引水ではあるが、世界に良い釣り人は多くても、良いフィッシングライターは少ない。往々にして野球殿堂入りするほどの超一流選手が野球監督としては二流であるように、自分が身に着けている技術を他人に伝えることとは別なことなのだ。

常々私たちはフライフィッシングには自称専門家があまりに多く、このスポーツを意味なく複雑にし過ぎていると思ってきた。実際のところ、フライフィッシングは多くの人が考えているよりもずっとシンプルなものだ。フライフィッシングを楽しむために水生昆虫のラテン語名を知っている必要はないし、27メートルのキャストをする必要もない。フライフィッシングの楽しみは釣り人の心の中にあるのだ。

この本のタイトルはゴルフの名著『リトル・レッド・ブック』にインスパイアされたものだ。ハービー・ペニックが著した『リトル・レッド・ブック』は、スイングの物理学や複雑な理論を抜きにした、率直かつ現実的なアドバイス集で、多くのアマチュア・ゴルファーのハンディキャップを減らすことに成功してきた。そこでチャーリーと私は、フライフィッシングにおいても同じような本を作るというゴールを決めたのだ。そう、釣果が上がる本である。

従ってこの本にフライフィッシングの技術に関する物理的な検証、科学的な正誤、もしくは究極の方法などを期待しないでほしい。すでにして、この世界では多くのことが語られ過ぎているのだ。そもそも率直に言って、フライフィッシングにおいては、正しいひとつの方法や究極の方法など存在しない。唯一正しいキャスティング方法、こうでなければならないリーダーシステム、究極のフライパターンは、生活のためやちっぽけな名声のために、世界を知らない井の中の蛙によって語られるものなのだ。

この本は純粋な教科書ではなく、私たちふたりのノート（実際に存在する）から引用した、フライで魚を釣るためのストレートなアドバイス集だ。読者すべてが私たちの意見に同意できないかもしれないが、すべての項目の最後に「ＫＤ」または「ＣＭ」の文字を入れて、私たちのどちらの意見かが分かるようにしている。私のヒントがチャーリーのヒントとよく似ていることもままあって、編集上の都合でひとつにまとめてしまうことも考えたが、微妙な表現の違いや追加のヒントがあるため、あえて両方を掲載することにした。私たちの最終目標はただひとつ。

——この本を読んだ釣り人がより多くの鱒を釣ることである。

——カーク・ディーター　２００９年９月

この本が校了した数週間後、チャーリー・マイヤーズは完成した本の姿を見ることなく逝ってしまった。煙草を吸わないのに肺がんなんて理不尽だ。そう言って嘆く私をチャーリーは逆に慰め、この本を完成させることに最期の時間を費やしてくれた。月並みだが、惜しい人を亡くしたとはチャーリーのためにある言葉だ。チャーリー・マイヤーズと釣りをして、仕事ができたことは私の人生における僥倖（ぎょうこう）と言っていい。残された私に課せられた使命は、アウトドアに対するチャーリーの知見と情熱をできるだけ多くの世代に伝えることだと思っている。

——カーク・ディーター　２０１０年１月

パートI

――キャスティング／真っすぐ、遠く、正確にキャストするための45のヒント

まず初めに言っておきたいことがある。それはこの世に完璧なキャストというものが存在しないということだ。フライフィッシングには釣れるキャストと釣れないキャストがあるだけのことだ。そもそも鱒をフライで釣りたいなら、キャスティング能力よりむしろプレゼンテーション能力（パートII参照）、水流の分析能力（パートIII参照）、フライの選択能力（パートIV参照）が重要となる。キャスティング能力が極めて重要な要素となるソルトウォーター・フライフィッシングは、同じ道具を使った別のスポーツと考えた方がいい。

プロゴルフの世界に「ドライバーショットは人寄せパンダで、パッティングこそがメシのタネだ」という言葉がある。フライフィッシングにも似通った点があって、完璧なタイトループや派手なロングキャストは見ている釣り人を驚かせるかもしれない。しかしながら、肝腎の魚はといえばループの形にはまるっきり興味がない。魚はキャスティングそのものではなく、キャストされたフライの流れ方に猛烈な関心を寄せているのだ。

私はプロのフィッシングガイドで、フライフィッシングを始めたばかりのビギナーから50年以

上やってきた自称エキスパートまで、あらゆるレベルの釣り人を見てきた。釣り人のスキルはひとりひとりまるっきり違っているが、私の目に多くの釣り人は「川にキャスティングしに来た」ように映る。「オッサン、あんた釣りに来たんじゃないの?」とか「おねえちゃん、ループの形より日焼けのこと気にした方がいいじゃないかい?」と言いたくなるところを、ぐっと抑えて「ラインを見ないようにしていただけますか?」とお願いすることになる。皆ラインの形を気にし過ぎるのだ。で、結果的に魚釣りに失敗している。フライフィッシングで重要なのは、空中を行き来するラインの形ではない。水面に落ちるラインの形なのだ。

「そうは言ってもさ、じゃあ、どうすればいいんだよ?」と言うあなた、何より、まずはリラックスしようじゃないの。思い出してほしい、あなたは魚釣りを楽しむためにフライフィッシングを始めたはずではなかった? 魚釣りは修行ではない。遊び、もしくはスポーツだけれども、人と競い合うわけではなく相手は魚である。負けたからと言って、彼女やワイフや他人の目を気にしなくてもいいのだ。

実はキャスティングは感覚的なものである。あなたの好みが私の好みと違うように、1万人いれば1万種類のキャスティング感覚がある。他の人と異なってしかるべきを「ロッドの角度は10時から2時の間で」というように画一化すること自体に問題があるのだ。

自分のリズムを見つけること。自分のストロークを見つけること。それが結果的に自分のキャスティングを見つけることにつながる。このパート1の中にはあなたが自分に合ったキャストを見つけるためのヒントがたくさんあるはずだ。

ただ前もってお断りしておくが、残念ながら一朝一夕に自分のキャスティングを見つけるなんてことはできない。自分だけのキャストを見出すためには練習するしかない。しっかりとキャスティングのメカニズムを身体に教え込ませて、安定したタイトループを投げられるようになるまで努力を続ける必要がある。キャスティングは理屈ではない。練習回数に比例して上達するのだ。不思議なことには、あれだけ悩んでいたテーリングが、練習している間にあなたの前から姿を消す。もちろん、美しいタイトループでロングキャストできることは決して悪いことではないが、「タイトループでロングキャストできなければ良い釣り師とは言えない」といった類いの呪いの言葉に惑わされてはならない。タイトループもロングキャストもトラウト・フライフィッシャーにとっての必須条件ではないのだから。

ジャスト・リラックス。

自分にプレッシャーを掛けないことが、良いキャスティングができるようになるための最初のステップだ。そしてこの後に続くヒントを吸収して練習を続ければ、そう遠くない将来、あなたはあなただけのキャスティングを見つけることができるようになるだろう。―KD

1　自分だけのキャスト

今度の週末、たまにはフライを忘れて（できないとは思う）、テレビでゴルフ・トーナメントを観て、各プレーヤーたちをよく観察してほしい。同じようなスコアを出していても、スイングには意外なほど違いがある。体型や年齢によるものもあれば、長年培ってきた技術や習慣によるものもあるだろう。ゴルフ・スクールでトレーナーから絶対にやってはいけないと言われるスイングで優勝争いをしているプロもいる。

フライキャスティングも同じだ。確かにタイガー・ウッズのスイングのように、古典的なストロークと呼ばれるものがあるのは事実である。ただ、フライを目的の場所に運ぶためには数限りない方法があって、人それぞれがそれぞれのやり方でキャストすればいいだけの話だ。ただし、フライロッドのローディング（ラインによる加重で負荷が掛かり、ロッドが曲がっている状態）とアンローディング（負荷がかかっていない状態）には一定の物理的法則があり、どのようなストロークであってもタイミングが重要であることだけは間違いない。

もしあなたのキャスティングが友人と違っていても問題ではない。他の誰でもない、自分のためのキャストなのだから。—ＣＭ

2 「真っすぐ振ってください」はヘタの始まり

またまた興味ないであろうゴルフの例えで恐縮だが、スイングの欠点が10あるとすれば九つは手とクラブの持ち方に起因すると言われている。フライキャストでも同じことが言える。キャスティングはグリップに始まり、グリップに終わる。ロッドハンドルを強く握り過ぎず、けれどもしっかりと握る、このさじ加減が大切だ。で、その加減ってどのくらいか？　繰り返しになるが、私にとっての大さじ1杯は、あなたにとっての大さじ2分の1かも知れず、さじ加減はある程度の時間を掛けて、自分で見つけるより他にない。もしあなたがビギナーであれば、今ここでは、グリップの力加減が重要であるという事実だけを覚えておいてほしい。

グリップが決まったらいよいよキャストだが、これだけは絶対に忘れないでほしい。

――ラインは振り下ろされた腕の延長線上に向かって飛んでいく

「当たり前じゃん」と言う人は、今一度自分の腕の軌跡を確認してほしい。私が知る限り、真っすぐ振ろうという意識を持たずにフライロッドを前後に振って、真っすぐ振れる人はいない。10人中10人がバックキャストは身体から離れ、フォワードキャストは身体を巻き込むように振る。ところが釣り人が真っすぐ振ってみようと意識するとそれだけでかなり改善される。言葉を換えればキャスティングがうまくいかない多くの場合、真っすぐ振れていないのではなく、真っすぐ振ろうという意識がないということなのだ。精神論を語っているわけではない。実はこの現象にはカラクリがあるのだ。人間の身体は四角柱でもないし、円柱でもなく、凹凸のある楕円柱である。特に肩の部分は横に広がっている。その極めて扁平な楕円柱が最大限に広がった部分に左右前後に曲げることのできる関節が付いていて、その先に腕が付いているわけだ。腕側の球状の骨を、肩側がお椀状の骨で受けているといった構造だ。乱暴に言ってしまうと、関節は球状なのだ。球状のものを回すと球状に動く。当たり前だ。しかし、幸いなことに人間の腕はクレーン車のブームと違って肘があったり、手首があったりと、様々な部位に別な関節があって、動作の角度調整がほぼ無限に利くようになっている。しかし調整なしで放っておくと、球状に動きたがるのだ。

さらにフライフィッシャーにはもうひとつバッドニュースがあって、人間の腕が身体のやや前方に付いているという事実だ。構造的に腕は身体の前方かつ中心寄りの作業のために作られている。だから人間は後ろ手で靴の紐を結べないし、後ろ向き同士で抱き合うこともできない。

つまり本当のところ、人間の腕はフライキャスティングには向いていないのである。そうは言っても止められない。だから、

——腕を真っすぐ振るように努力するのだ

キモは「努力する」という点だ。多くのキャスティング・レッスンで「ロッドを真っすぐ振ってください」という言葉が軽く使われるが「真っすぐ振るように努力してください」と言うべきで、このあたりにビギナーの最初のつまづきがあるような気がする。努力しないと真っすぐ振る

ことができないということを、まずは徹底して教え込むべきなのである（そして多くの場合、真っすぐ振ることができるようになれば、フライキャスティングで学ぶべき教程を半分は終了したということなのだ）。

で、具体的にどうするかというと、一般的なサム・オン・トップの握りでフォワードキャストをして、その際に親指の爪を見つめ続けるのだ。親指の爪先が正面（身体の正面ではなく、利き腕の正面であり、この差は極めて大きい。身体の正面に目標を置くと腕が内側を向く）を向き、かつ爪の表面が地面もしくは空と平行に移動していればいい。親指の中心に縦に油性ペンで線を引いてみると、いかに真っすぐ振ることが難しいかが分かる。まずはロッドを持たないエアー・キャストでやってみよう。真っすぐ振る意識がないと、親指の爪は時計回り、もしくは反時計回りに捻れている。「真っすぐ飛ばそう、真っすぐ飛ばそう」と念仏のように唱えながら爪を見つめながらやると効果が上がる。精神論ではない。サボりたがる自分の脳を刺激するのだ。

フライフィッシングとともに年月を重ねたベテランであっても、キャスティングの悩みを抱えている釣り人は少なくない。ロッドを前後させるタイミングは身に着いていても、多くの場合、真っすぐ振ることができていない。まずは自分で思っている真っすぐが本当に真っすぐなのかどうかを確認してみてほしい。ビギナーの皆さんは安心してください、先輩を見れば分かるように、真っすぐ振れていなくてもフライフィッシングはできるし、止められないくらい楽しいわけです！　―KD

3　グリップに決まりはない

フライラインはロッドティップが通過した軌道を追って前後する。親指をハンドルの真上に置くサム・オン・トップにすると、ロッドティップは親指に沿って動くことになる。親指は最もパワフルな指なので、パワーと方向性を重視した釣り人が採用するグリップだ。激流用ドライフライ「ウルフ・パターン」の発案者として知られるリー・ウルフは、人差し指をグリップの上に置く「インデックス・グリップ」で釣っていた。今ではコントロールを重視する釣り人が採用するグリップだが、当時ウルフのやり方は例外的と考えられていた。またキャスティング・レッスンの第一人者であるメル・クリーガーは、サム・オン・トップとインデックスの中間とも言えるキーグリップと呼ばれる握り方をしていた。

つまるところ自分に合った、言い換えれば自分の身体のクセに対して合理的な方法であれば、どんな握り方でもかまわないのだ。親指でも人差し指でもその中間でも、それが真っすぐにターゲットに向けられてさえいれば、あなたのフライは目的の方向に向かって真っすぐ飛んでいく。逆に言えば、あなたが真っすぐに振りやすいグリップを探すことがキーになるということだ。真っすぐ飛ばないのはストローク中にグリップが捻れていたり、もともと狙った方向へ振れていないからである。—CM

4　10時、2時の都市伝説

これまで出版されてきたフライキャスティング教本のページをめくると、きっとどこかに時計の文字盤が出てくる。ロッドの振幅角度を読者にイメージさせるには、時計の文字盤が最も分かりやすいからだ。そして大半の教本には、フォワードキャストを10時の位置で止め、バックキャストは2時で止めるように、と書いてある。理論的にはその通りかもしれない。ところが頭で理解した読者が、いざロッドを持って振ってみると不思議なことが起こる。ほぼ間違いなく10時、3時、あるいは10時、4時といった角度に広がってしまうのだ。

世の中の大半の人にとって釣り竿は「後ろに振りかぶって、その反動で前に振る」ものであり、どんなに10時2時と注文を付けたところで、どうしてもそれ以上の角度で振ってしまうものらしい。これは釣りの典型的なイメージが人間の脳に擦り込まれているためかもしれない。

私はビギナーのフィッシングガイドをする時にはタイムゾーンを変えて、バックキャストを2時ではなく、1時で止めるようにアドバイスしている。すると、なぜかほとんどの人が2時あたりでバックキャストを止める。恐らくは後ろに目が付いていない人間の感覚や心理が関係しているのだろうが、まあここはあまり難しく考えず、ビギナーは10時1時で試してみよう。きっと私の言っていることが分かるはずだ。―KD

5　手首の誘惑　その1

前項で述べたようにフライキャスティングでビギナーが陥りやすいミスは、バックキャストでロッドを傾け過ぎることだ。ラインが水面を叩く音ならまだしも、ロッドティップが後ろの水面や地面を叩いてしまうことも珍しくない。この時ロッドは2時どころか、こんがり焼けたステーキの匂いさえ漂ってくる5時あたりを指している。ほとんどの場合、キャスターが手首を後ろに返し過ぎているために起こる。

フライキャスティングに関して、手首と腕の機能差、もしくは使い分けを説明するのはかなりの難事業なのだが、次の一行だけはしっかりと覚えておいてほしい。

――腕はエンジン、手首はハンドル

確かにフライフィッシング界には「手首で投げる」人もいる。最初に書いたように、投げ方に決まったやり方はなく、逆に人によって千差万別であるべきなのだ。ただ、もしあなたがビギナーだったら、手首を固定した方法で始めることを強く薦める。手首はキワモノで、うまく使う方法をマスターすると驚くようなループを作ることができる。しかしながら、ビギナーが麓から頂上を目指すには至難のルートと言える。2泊3日の山小屋コースのはずが、途中でビバークを強いられて下山の日程が立たなくなるかもしれない。

人間の脳は、モノを投げる際には自動的に手首のスイッチを入れる。だから、逆にしっかりと「手首を使わない」と念じながらキャストする必要がある。これまた精神論ではない。フライフィッシングはイヤになるほど人間の生理に逆らった不自然な釣りなのだ。そもそも、軽いものを投げるためにラインを重くするなどという逆転の発想から始まっているのだから仕方ない、諦めよう。

素直な性格で、どうしても脳に抵抗できずに手首を使ってしまう人には、昔からある簡単な方法をお薦めする。

ひとつめはゴムバンド法だ。輪ゴムを用意して手首に巻き付け、ロッドのグリップエンドをその輪ゴムの中に入れてキャストしてみよう。キャスト中に輪ゴムが伸びるようであれば手首を使っていることだ。もうひとつは長袖矯正法。長袖のシャツを着て、グリップエンドを袖口に入れてロッドを振ってみる。これで手首はほとんど曲がらなくなる。バックキャストの度に袖口が広がって突っ張るようであれば、手首を曲げ過ぎている。ベテランでも、時にキャストがうまくいかなくなることもあるはずだ。そんな時にはストロークの勘を取り戻すために、たまにロッドのグリップエンドをシャツの袖口の中に入れるといい。――KD

6　ストップの重要性

美しいループを描きながら往復するループを見ていると、そのリズミカルな動きに魅せられる。

安定したロッドの振幅、前後対称の形の整ったループ、そしてその後に続くラインの流れるような動き。正しいキャスティングによって、ラインは生命ある生き物のように動き、フライフィッシングが魔法の遊びに見えてくる。

しかしこの動感にあふれるラインが、実はロッドを停止することによって生み出されていることを肝に銘じておいてほしい。キャスティングは止めるために振っているのだ。ストップこそが、キャスティングの動きを支える最重要の要素である。キャスティングの良し悪しは、以下の四つのプロセスをスムーズに行えるかどうかに掛かっている。

1　緩やかにロッドを背後に向かって加速させる。
2　ロッドをピタリと正確に停止させる。
3　ロッドを反対方向（前方）に向かって緩やかに加速させる。
4　ロッドを再び停止させる。

ラインが長くなるほどに、次の停止までの時間が長くなる。キャストの距離を伸ばすには、2と4のストップの際にラインを少しずつ繰り出すが、1と3の前後ストロークが終わる際に明確に腕の動きを止めないとロッドに負荷を掛けることができない。はっきりとしたストップなしに、曖昧にフォワードキャストを終えたり、バックキャストに移ったりしていると、ラインは垂れ下がり、力を失って地面に落ちてしまう。ストップは、キャスティングのプロセスの中で最も重要な要素なのだ。より遠く、より真っすぐ、より正確にキャストするためには、ロッドをより正確

にストップさせることを意識するようにしよう。――KD

7　出た杭を打て

フライラインを前後に伸ばすためにはロッドに負荷を掛けなければならない。ロッドに負荷を掛けるためには、確実なストップ・アンド・スタートが必要だ。正しいストップ・アンド・スタートのイメージがつかめないと言う人は、次のような状況を想像してほしい。

今あなたはふたつの壁に挟まれている。前後の感覚はせいぜい70センチ。閉所恐怖症ならば逃げ出したいほどの狭い空間だ。そんな壁に挟まれたあなたの右前方と右後方、ちょうど肩幅あたりの目の高さに、それぞれ1本ずつ釘が打たれている。どちらの釘も全長の半分くらいが壁の中に入っているが、あなたがこの狭苦しい空間から脱出するためには、前後の壁に刺さった釘を両頭ハンマーで完全に壁に打ち込んでしまう必要がある。

両頭ハンマーを使い、まずバックキャストで釘を打ち込み、衝撃を感じたら今度はフォワードキャストで前の釘を打つ。これを繰り返す。後ろの釘を立て続けに叩いたり、前へ戻ったりという動作は許されていない。後ろにひと振りして釘を打ったら、次は必ず前の釘を打たないとならない。前を打ったら、今度は後ろ、というように、休みなく正確にひと打ちごとに前後に打ち込まなければならない。

どうだろう、無事に壁から脱出できただろうか？　前後の釘を打つ度にハンマーはガツンと止まっただろうか。フライキャスティングにはこの衝撃的な停止が必要で、この動作をフライキャスティングでうまく再現できれば、ラインはタイトループを描きながら力強く前進していくはずだ。ストップ・アンド・スタートがうまくいかないとラインは力とスピードを失い、ループは開いてしまう。ロッドのパワーを最大限に引き出すために、狭い空間で前後の釘を交互に打つイメージトレーニングをしてほしい。—CM

8　恋敵にビールを

前項のハンマー打ちでロッドを停止する感覚はイメージできたと思う。次は動かし方のイメージだ。フライキャストは自動車の運転と違って急停止は歓迎されるが、急加速は厳禁である。あなたはF1レーサーではないのだ（たぶん）。ではどう加速するかというと、ここに稀代のフライキャスターであるスティーブ・レイジェフの分かりやすい説明がある。

名キャスターはそれぞれにキャスティングに関する分かりやすい比喩の持ちネタがあるが、スティーブの場合、それはタンブラーに七分目程度注がれたビールが目の前のテーブルに置かれているところから始まる。そしてあなたの前にはいけ好かない恋敵が立っている。テーブルの高さは腰の位置辺り。まずはタンブラーをテーブルから持ち上げるところから始めよう。こぼれないようにゆっくりと持ち上げたタンブラーをゆっくりと後ろに振りかぶり、前方に向かって徐々に加速しながら狙いを定め、突然腕を止めて、タンブラー内のビールを目の前の恋敵に浴びせ掛けるのだ。後ろに振りかぶった時に、七分のビールが入ったタンブラーが傾き過ぎているとこぼれてしまう。前方への振り出しが急過ぎてもこぼれる。逆に遅過ぎたり、ストップが急でないとビールは前に飛んでいかない。どうだろう、うまく恋敵をギャフンと言わせることができただろうか？

これは前項の壁に釘を打ち付けるイメージと違って、実際に自宅（風呂場、もしくは室外を推奨する）で簡単に実験できるので、自分の腕で試してみよう。あるいは、目の前に恋敵ではなく奥さんを立たせた方がやる気になる人がいるかもしれないが、この本が保証するのはフライフィッシングの上達であって、夫婦関係については保証の限りではないので、そこは自己責任で。フライスティーブのようにラインをあれほど遠くに飛ばすことは難しいだろうが、より遠く、より正確にキャストするためのイメージとしては最良の比喩のひとつだと思う。―ＫＤ

９　身体を使う

キャスティング・プロセスの中で最も技術的に難しいのは、ロッドに最大の負荷が掛かった瞬間の判断と、そのタイミングを逃さずにロッドを逆方向に振り始める際のハンドリングだ。この動作を素早くかつ正確に行うことで、ロッドにすべてのパワーがため込まれ、ラインが最適なスピードで前後に進んでいく。これは多くのスポーツで言われる「習うより慣れろ」の領域で、身体で体得する他に方法はないが、幸い現代にはビデオという優れものがある。作品を作るわけではないから、スマートフォンの品質でまったく問題ない。友人を誘って交互に真横からのキャスティングを撮影してみよう。できればラインは目立つ色がいい。

前後のストロークの切り返しの瞬間（ロッドに最大負荷が掛かっている瞬間）は早過ぎないだろうか、あるいは遅過ぎないだろうか？　ことにバックキャストは普段見えていないから参考になるはずだし、友人と交互にやってみることで違いが際立ち、上達が早い。

ビギナーだけでなく、ベテランにもビデオ撮影を薦めたい。キャスティングに悩んでるなんて、今さら友人に告白するのも恥ずかしいだろうから、三脚を立ててやってみよう。

ベテランへのアドバイスがもうひとつある。キャスティングは水物でいったんマスターしたからといって、いつもうまくいくとは限らない。タイミングを誤ったり、疲れや集中力不足で一連のプロセスがうまくいかなくなってしまうこともままある。キャスト・フィーリングを取り戻すためには、肘を下げて腕を身体に近づけるポジションが有効だ。そして腕と一緒に身体を前後させてみる。自分では気付いていなくても、腕だけでなくロッドと共に身体を前後させている釣り人は多い。何かのきっかけで知らないうちに腕だけで振っているため、全体のリズムが崩れていることがあるのだ。

またイブニングに朝と同じようにキャストしようとしても、それはムリな相談だ。どんなに体力のあるピッチャーでも150球を超えれば球威は落ちる。野球は2時間から3時間程度のゲームだが、フライフィッシングは朝から晩まで長丁場のゲームなのだ。そんな一日の終わりにはシュート（フライを投射する最後のフォワードキャスト）のタイミングで腰をぐっと前に出してみるといい。タイミングやスピードが戻るのが分かるはずだ。―CM

10 親指は知っている

フォワードキャストでラインが力を失い、ぐにゃりと曲がって地面に落下する。この光景にがっかりしないビギナーはいない。でも心配することはない。すべてのフライフィッシャーが通る道なのだ。原因は大概バックキャストの角度が深過ぎて（2時で止めることができず）、キャスターの背後でループが広がっている（ワイドループ）からである。この問題を解決するための最高のアドバイスとして、モンタナ州ビッグホーンリバーのガイド、ダン・スタインから聞いた方法を紹介しておこう。ナイス・アドバイスが必ずそうであるように、いたってシンプルだ。

キャスティングの際、親指を常に視野に入れておく。それだけ。おしまい。親指が見えなくなるということはロッドが背後に行き過ぎているということだ。ダン、アンタはエライ！―KD

11 間違い電話

コロラド州のキャスティング・インストラクター、ダン・ライトは、レッスンで生徒にロッドの始動と停止の正しい角度を学んでもらうために、以下のイメージトレーニングを採用している。40〜50センチ前の壁の、ちょうど目の高さに掛かっている古い電話をイメージする。目の前の電話が鳴って、受話器を取る。受話器を耳に当て「もしもし」と言うが、すでに電話は切れていて、受話器を壁に掛かった電話機に戻す。──CM

12 ウィリアム・テル

岸から張り出した木の真下でライズを繰り返している魚がいる。岸際の下手に立つあなたからの距離は5メートル。あなたの目には丸々と太った胴体と曲がった鼻がはっきりと見えている。「でかい！」。立派なオスのニジマスだ。しかしながら、頭上と背後には木々が覆い被さっていて、バックキャストはおろかロールキャストも厳しい状況である。あなただったらどうする？ イチかバチかロールキャストに掛けてみるか、フライを失くすともったいないから諦めるか？

こういった状況でもフライをキャストする方法がある。厳密に言うと、キャスティングとは言えないかもしれないが、トライしてみてほしい。理由は最後に説明するが、極めて有効な手段である。

ロッドティップからロッドの全長と同じくらいの長さのリーダーを引き出し、ロッドを水面に近い位置で保持する。鉤先を避けてフライをしっかりとつまみ、ロッドを持った腕を肘を曲げた状態で前に向ける。ライズに狙いを定めたら、腕をフェンシングの選手のように前に突き出しながらフライを離す。フライは枝の下に潜り込み、不思議なくらい正確にライズの上手へ飛んでいく。他の方法では絶対に釣れない魚が、あっけないほどあっさりとフライに浮上する。

これがベテランのアングラーならきっと知っている（けれどもあまり使われていない）ボウ・アンド・アロー・キャストだ。想像以上に多くの場面で有効だ。

この方法が有効である最大の理由は、そのポイントがいわゆる「竿抜け」だからである。ボサ周りのポイントはフライを引っ掛けやすいために釣り人に敬遠されがちで、従って鱒がスレていない。誰もが狙う好ポイントにいる魚と違ってフライを見慣れていないのだ。これは家の中でも練習できるから、実地で使えるように練習しておこう。数時間でマスターできる。—CM

13 マジック・モーメント

一般にキャストのストロークが短ければラインはタイトループになりやすいと言われている

が、それはストロークの移動距離の短さというよりは、むしろティップの高さの変化量が少ないからだ。ビギナーはロングキャストの際に腕を大きく前後に伸ばしているベテランを見て戸惑うかもしれない。彼らは腕や身体を動かす距離を加えることで、ラインの往復を長くしているのであって、ループをワイドにしようとしているわけではない。いたずらに腕や身体を大きく動かすとビギナーにはかえって害になることが多いから、ここは見ているだけにしておこう。念のために書き添えておくが、ロングキャストで最も重要なのはロッドティップの移動距離ではなく、キャスターの耳の近くでロッドが曲がるタイミングの判断だ。このタイミングこそがマジック・モーメントであり、キャストに最大のパワーストロークを与えることができる瞬間である。—CM

14 ループはパワーのオシロスコープ

ビギナーがフライキャスティングの練習を始めると、誰もがほぼ100%経験する「ある現象」がある。それはシュートの時に限ってラインが力を失って、距離が伸びない不思議な現象だ。距離を伸ばそうとフォルスキャストを繰り返している時は、ラインは前後にしっかり飛んでいたのに、いざ肝腎のシュートとなるとラインが突然力を失って、手前の地面にダラダラと落ちてしまい、それまでの苦労が水の泡となる。ベテランの皆さんにもそんな経験ありますよね？　あるいは経験し続けているとか？

原因はロッドでもなければラインでもなく、それはあなたの「期待」にある。最大限の効果を得ようとするあまり、自分自身で過剰な演出をしてしまうのだ。せっかくそれまではハリウッドスター並みの自然な演技だったのに、微笑むべきシーンでいきなり大爆笑してしまい、すべてをぶち壊しにしてしまうような。この現象は、ラインを操っていたスムーズな動きに、突然、意味不明な動きと過剰な力が加えられることによって起こる。ループはいわばパワーのオシロスコープだ。力が均等に加えられ続ければ滑らかな曲線を描き、ぎくしゃくすると上下に形が崩れてしまう。キャスティング・レッスンの第一人者レフティ・クレイは、この現象を「パンツから飛び出す」と表現していた。むやみに興奮しちゃダメってことである。

ご想像の通り、解決策はいたって簡単だ。興奮しないことである。フォルスキャストと同じように無心にラインを前後させ、「あれっ、間違ってシュートしちゃった」くらいの気持ちになろう。自分の脳を騙すのは意外に難しい作業でもあるが、ともかく最後に「エイヤッ！」というのだけは止められるはずだ。—CM

15　メリハリを付ける

キャストは力ではない。テンポとタイミングが重要だ。では早速、テンポのイメージをつかむ練習をしてみよう。

空き地に立ち、ロッドを地面に置いて、ティップから10～12メートル程度ラインを引き出して正面方向に引っ張っていく。釣り場でするように、先端にはリーダー、ティペット、（フックを折った）フライが接続されている。ロッドを置いた場所に戻り、地面にラインが真っすぐ伸びている状態からキャストしてみてほしい。ゆっくりとラインを地面から引き剥がすようなイメージでやるとうまくいくが、それでもロッドを持ち上げる速度が速過ぎたり遅過ぎたりするとラインを空中に持ち上げることはできない。うまくラインを後方にキャストすることができたら、今度は前にラインを振り、また後ろに。地面からラインを持ち上げた時のタイミングや速度感を思い出そう。もしラインとリーダーが絡まってしまうなら、それはテーリングという現象だ。フォワードキャストの際にロッドを速く、かつ強く前に振り過ぎていることが主な原因だ。いわばフライフィッシャーにとっての通過儀礼、もしくは麻疹のようなものだから、今は気にしないでいい。

要領が分かってきたら、ラインを数メートルずつ伸ばしてみよう。そうするうちにやがて前後に振るタイミングとリズムがつかめてくるはずだ。これは子供の自転車の練習のように、ふと気付いたらできていた、というように、反復練習によってしか身に着かない類いのものだ。理屈ではない、練習あるのみ。身体に覚えさせるしかない。—KD

16 未確認飛行物体

キャスト中のラインの動きを見ていれば、ミスをしているかどうかが分かる。しかし、自己診断というのはジャンルにかかわらず難しいのが常で、修正するのはさらに難しいことである。キャスティングは科学的に分析するとなると、地球の重力やロッドによる加重や慣性、ラインの重量などが複雑に絡み合う物理科学の領域だが、ラインが空中を行き交いしている最中に計算式を解くことはできない。そこで、製造業で今や主流となっている「見える化」をフライフィッシングにも取り入れてみることにしよう。ダン・ライトの方法だ。

地面と平行に倒したロッドを身体の正面で前後させて、ラインの形がどうなっているのかを確認するのだ。目の前の芝生にホースをゆっくりと左右に振って水をあげるイメージ。地面と平行になるようにラインを腰や胸の高さで往復するように前後させて、ラインの動きがどうなっているかを観察する。最初は5メートルくらいの長さのラインで十分。U字型の良いループもテーリングも、自分の目ではっきりと視認できる。手首を固定するとどうなるのか、動かすとどうなるのか、腕を左右に大きく振るとラインはどんな動きをするのか、肘を身体に付けたままだとループの形はどうなるのか、いろいろと実験してみよう。そして徐々にラインの長さを伸ばしていく。練習するほどに距離が伸びていく。良いループを目に焼き付け、それを頭の中でイメージできる

ようになると、ラインが頭上に90度持ち上がった状態でも同じことができるようになる。—KD

17 ケチャップまみれのコメディアン

これまでのヒントで「キャスティングは徐々に加速し、急停止することが重要である」ことは理解できたと思う、少なくとも頭の中では。しかし、実はその「徐々に」という点が何よりも難しい。だからこそ、いろいろなエキスパートが想像を逞しくして様々な比喩をするわけで、私もしつこく紹介しているわけだ。というわけで、またまた新しいイメージをひとつ追加しておく。

長さ1メートルの棒の先に熟れたトマトが突き刺してあり、そのトマトを7メートル先のバケツに投げ入れるのだ。棒を急に振りかぶるとトマトはあなたの頭上に浮き、直後にあなたをケチャップまみれのコメディアンにしてしまう。棒から徐々にトマトを引き抜くような力配分をしないと前に飛ばない。そんなイメージを思い描きながら、フライロッドのバット部分だけでエアーキャスティングをしてみよう。あるいはフライキャスティングの練習も、失敗した時にトマトケチャップが上から降ってくるくらいの緊張感がないと上達しないかもしれない。—KD

18 ワインの醸造

ついでだ、持ちネタをもうひとつ披露しておこうか。トマトの次はブドウだ。フォークの先に刺さった巨峰をなるべく遠くに投げてみよう。フォークを前方10時くらいの角度で急に止めた時に最も遠くに飛ぶはずだが、家の中でやると家族の険しい目にさらされ、外でやっていると、かなりの確率で「可哀相に」という顔をされる。—CM

19 スマホでの代替不可

フライが狙い通りの方向に飛ばず、ラインの軌道も定まらない。これはすべての人が経験することで心配する必要はない。原因は単純だ。腕がブレているのだ。新聞を封筒状に折りたたんで脇に挟み、腕を身体に引き付けて、コンパクトで短いストロークをする。新聞を落とさないようにキャストしなければならない。今時新聞を購読していない人も多いだろうが、スマホで代用しないように。ほぼ確実に落下する。—KD

20　ラインスラックは失敗の始まり

キャスティングで最も多くの人が犯しているミスは、バックキャストの際に手首を返してしまうことだ。次に多いのが、ラインが弛んだままバックキャストを始めてしまうことだ。

釣り場でも余分なラインが水面に残っている状態でピックアップしてしまうと、ラインが動きを吸収して空中に浮かないか、あるいは浮いたとしてもパワー不足で真っすぐ飛んでいかない。いったん力を失ったラインに再度生命を与えるのは至難で、結局は水面に落下してしまう。

キャストを始める時には地面、もしくは水面上のラインがストレートになっていなければならない。ロッドティップを持ち上げれば、すぐにラインに力が伝わるという状態である。ほんの少しのスラックであっても、それは間違いなくネガティブ要素として機能してしまう。腕からのパワーを一滴も漏らすことなく、すべてラインに伝えることが重要だ。ストロークが短ければ短いほどループはタイトになりやすく、よりパワフルなキャストが可能となる。―CM

21　ドリフトボート・キャスト

昔、イエローストーン・リバーを釣った時のことだ。私はフィッシングガイドのラスティ・ヴォラスが操るドリフトボートで川を下りながらホッパーをキャストしていた。岸際に魚が付いていることは分かっていたけれども、私のキャストは毎回2メートルほどショートしていた。私としてはキャストが届かない分だけ、岸際にボートを近づけてほしかったのだが、ラスティは私のキャストに問題があると言った。人は自分に責任があるとは思いたがらない生き物なのである。

ラスティが言うには、ウェーディングしている時と同じようにボートの上でロッドを振ると、キャストする際にロッドティップの位置が高過ぎて、ラインにスラックが入った状態でスタートすることになる。そんなパワーロスを防ぐためには、ロッドティップを水面に向けてからキャストをスタートさせるべきだと言うのだ。言われてみればもっともな理屈だったが、ボートでの釣りに慣れていなかった当時の私にはそれが分からなかった。—KD

22　川の力を利用しよう

川の流れはすなわちパワーである。うまく利用すればロッドに負荷を掛けることができる。7〜8メートルのキャストであれば、川の流れを利用するだけで十分な結果が得られる。一度もフライロッドを持ったことのない人をガイドする時には、私は次のような方法を使って魚を釣ってもらうことにしている。初心者でも正確にキャストができて、結果的に魚を釣り上げることができる確実な方法だ。

右利きであれば下流に身体の右側、上流に身体の左側がくるよう、流れに対して直角に立つ。ティップからラインを引き出して、フライ、ティペット、リーダー、ラインを水面に落とす。水流が下流に向かうにつれて、それらすべてが下流に向かって流れていく。キャストしたい長さのラインが伸び切って、フライが下流の水面で飛沫を上げ始めたら（ちなみにこの段階で魚が釣れることもままある）、ラインを水面から引き剥がすような感覚で、ゆっくりロッドティップを持ち上げ、頭上の2時の位置に持っていく。いったんそこで止める。

視線を上流側に移し、フライをキャストしたい場所を確認する。頭上に保持していたロッドを狙った方向へ振り下ろす。フライラインが伸びて、フライは狙った水面に落ちる。

大切なのは各アクション間の「ポーズ」だ。ラインが伸びるのを待つ、フライが飛沫を上げ始める、ティップを持ち上げる、狙いを定める、振り下ろす、この一連のプロセスを連続させず、各プロセスにポーズを入れることが肝腎なのだ。

スローモーションのポーズ付きロールキャストとでもいうのか、ビギナーのためのトリック・キャストではあるが、ベテランが使っても魚は文句を言わないと思う。—KD

23　ロールキャストの練習量

ロールキャストは水面の張力を利用してロッドに負荷を掛け、その反発力を利用してラインを前方に飛ばす技術である。通常のオーバーヘッド・キャストに比べてステルス性が高く、魚を驚かす可能性が低い。また、背後にブッシュなどの障害物がある場合には極めて有効な手段となる。ロールキャストができるようになると、キャスティングに費やす時間とエネルギーが減り、水を読んだり、魚を探すことに集中できるようになる。

ロールキャストはそれほど難しい技術ではないが、苦手意識を持っているフライフィッシャーは多い。原因ははっきりしている。練習不足だ。というのは、ロールキャストは地面では行えないからである。練習にはどうしても水面が必要となる。「じゃあ、練習は釣り場で」ということになるわけだが、釣り場に着いて「さあ練習だ!」と思う釣り人がいるだろうか？「とりあえず、そこを釣ってからにしよう」、「まあ、今日は練習できなかったけど、次はきっと」が永遠に繰り返されるわけである。自宅にプールがある友人と仲良くするのが手っ取り早いが、いなければ鱒のいない近くの川に行って練習しよう。

ロールキャストの方法は以下の通りだ。他のキャストと基本的な運動原理は同じだが、全体的にゆっくりとしている。前方の水面にロッドを向ける。この時ラインはスラックがない状態で水面に浮いていないとならない。水面に向けていたロッドをゆっくりと後方に向けて持ち上げていく。スピードと負荷が最大に達したところで急激に止め、振り降ろす。キーポイントは、

1　キャスト開始前に余分なラインが前方の水面にないこと。オーバーヘッドキャストよりもパワーの総量が少ないために、わずかなスラックが失敗に直結する。水面を向いたティップが動

き始めた瞬間にラインが動くほどのテンションが掛かっていないとダメだ。ロッドティップを可能な限り水面に近づけた状態でキャストを開始しよう。

2　常にラインにテンションが掛かっている状態で水面から引っ張り続けること。

3　ロッドを後ろに振り上げる際、空に向かってティップを突き刺すイメージでやること。

4　バックキャストでは例によって時計の2時を意識すること。オーバーヘッドキャスト同様、後ろに倒し過ぎるとループが広がり、遠くに飛んでいかない。

5　ロッドを停止する際は必ず急停止させること。ロッドが止まった瞬間にバックのラインに溜まったパワーがすべてだ。しかしながら、このパワーは長持ちしない。多くのフライフィッシャーが考えているよりも瞬間的である。この前方に振り下ろすタイミングと、その直後のロッドの緩やかな加速がロールキャストのテクニカルな部分でのキモだ。このタイミングとロッドの加速を意識した練習が必要となる。

ロールキャストは通常のオーバーヘッドキャストと違って、勢いでごまかすことができない。すべてがゆっくりで、ひとつでもミスがあるとうまくいかない。パワーは一瞬しかとどまっていない。前に投げるという点だけで言えば、実はオーバーヘッドキャストよりも難しいのだ。それなのに、逆に練習時間は少ない。結果は火を見るより明らかである。ベテランの皆さんでロールキャストを苦手としている方、もうこれまでで十分釣ったでしょう。今度釣り場に着いたら、まずはロールキャストの練習を！　―KD

24　ロールピックアップ&ワンキャスト

ロールピックアップはロールキャストでフライを水面から浮かし、その間にバックキャストをするフライのピックアップ方法で渓流で釣りをする際に欠かせない技法だ。この方法を最大限に活用すると、ショートキャスト時のフォルスキャストが不要になる。ロールキャストによって前方に運ばれたラインには理想的なテンションが掛かっていて、釣り人が思っている以上のパワーを秘めている。せっかくたまっているパワーをわざわざフォルスキャストで弱めることはない。魚の警戒心を引かないためにも積極的にロールピックアップ&ワンキャストで釣ろう。——CM

25　地味に、地道に

オハイオ州立大学の伝説的なフットボールコーチ、ウディ・ヘイズは「3ヤードと土煙（が重要だ）」というオフェンス哲学を持っていた。「ロングパスで多くのゲインを得ようとすると、そこには三つの結末が用意されている。で、そのうちのふたつはバッドニュースだ」と語ったと言われている。確率的に言って、空中のパスプレイは華麗だけれども割に合わず、陸上での地味なランプレイにメリットがあるという意味である。

美しい弧を描くロングキャストは見ているだけでも楽しいが、現実のトラウトストリームではあまり役に立たない。フォルスキャストは魚を警戒させるし、キャストの距離とウィンドノットの数は比例すると言っていい。華麗なロングキャストを忘れて、地道かつ確実に魚を釣ろう。ヘイルメアリー（試合終了直前のイチかバチかのロングパス）を投げようとする釣り人よりも、はるかに良い釣果を残すことを保証する。—KD

26　ロングキャスト・コンプレックス

キャスティング能力を評価するためにキャスティング競技というものが考案された。誤解している人が多いので、ここでハッキリ言っておく。キャスティング競技は釣りの技術ではなく、キャスティング技術を評価するものである。フライラインを27メートル以上キャストできることは確かに楽しいことだ。しかし、こと鱒釣りに限って言えば、実用的にはもはやほとんど意味をなさない。今時湖でロングキャストしたかったら、ダブルハンドロッドを使った方がはるかに効率的で釣果も上がるし疲れない。あるいはプールに浮いている遠くの輪を狙ってフライをキャストすることは、練習には良いかもしれないが、近くの輪を狙ってする方がはるかに現実的である。

私の友人トラビス・ホールマンはオールラウンド・アングラーで、極めて優れたトラウト・フィッシャーでありながら、プロのレッドフィッシュ・ツアーに参加していた強者（つわもの）だ。そんな彼の言葉を紹介したい。

「4秒で12メートルを狙い通りに投げることができれば、レッド・フィッシュでもトラウトでもサーモンでも、誰よりも多くの魚を釣ることができる」

つまり距離ではなく、素早さが重要なのだ。

例えば12メートル離れたところに1から10までの番号が付いたターゲットが並んでいて、ランダムにコールされるターゲット番号を狙ってキャストする競技があったら、現実的なフィッシングスキル・コンテストになり得るかもしれない。競技者は4秒以内にワンキャストでコールされた番号の60センチ以内にフライをキャストしなければならないというような。

いずれにしても、釣り場ではロングキャストは不要だ。狙い通りに、素早くキャストできる練習をしよう。——KD

27 ダーリン、もっとそばに寄って

フライフィッシングでは、タンゴを踊る男女のような「近さ」が決め手になる。15メートル先のライズにドライフライを正確に投げられる能力よりも、キャストする距離を3メートル縮めるストーキング能力の方が重要なのだ。魚との距離を縮めることによって、釣り人のチャンスは劇的に増える。もちろんロングキャストが必要な状況もある。例えば釣り雑誌でヒロイックなストー

リー展開が必要な記事の中とか。

キャストを短くすることによる利点は数知れない。狙ったピンポイントに正確なプレゼンテーションができる。ラインが水流の干渉を受けにくい。ドリフト操作が容易である。ラインのコントロールがやりやすい。フックセット(合わせ)のタイミングを逸しない。フックアップ後のファイトで魚に対して優位に立てる。風の影響を受けにくい。木などの障害物にフライを引っかけにくい。リーダーやティペットが絡みにくくなる、などなど挙げればキリがない。中でも特に重要なのが、ドリフト（フライを流す）操作の自由度が増すことだ。ラインが短ければ短いほどロッドティップとフライの間に介在する流れが少なくなり、ドラッグフリー（水流の影響を受けずにフライが自然に流れ下る状態）のドリフトが実現しやすくなる。これは釣果に直結する最も重要な要素である。

ただし、魚との距離が近くなるだけにアプローチの仕方が大切になる。ライズしている魚、あるいは魚が付いていそうなフィーディング・レーン（虫などの補食物が流れてくる水流の筋）を狙うためには、最適な位置へ適切な方法で近づかなければならない。岩などの障害物の有無にもよるが、流れが遅い場所では距離を置き、速い場所で距離を縮めるのが基本である。

また、流速や障害物といった釣り場の環境以外にも魚との距離を詰めることができるケースが多々ある。例えば羽化する水生昆虫の捕食に夢中になっている鱒は、ロッドティップが届く距離まで近づいても、釣り人の存在に気付かないことがままある。ここでは、キャストする距離と釣

果には明らかな相関関係があることを理解しておこう。―CM

28　キャストをしないベストキャスト

ドリフトボートからのフライフィッシングで、近年盛んに使われるようになったのが大型のストライクインジケーターだ。もともとはドライフライに興味のない魚を狙ってニンフで釣る場合に、主に止水域で使われていたアイテムである。

ドライフィッシングとニンフフィッシングの最大の違いは、言うまでもなくフライを水面に浮かべるか、水中に沈めるかいう点で、ニンフフィッシングの優位点はドライフライのように鱒を水面に誘い出す必要がないことである。鱒が定位している水深にフライを流すことによって、鱒に過度な警戒心を持たれずに、フライに食い付かせることが可能となる。

インジケーターをウキにした釣法は、もはやドライフライの人気を上回る勢いで全米に広まっているが、ことにボートに乗って川を下る場合には絶大な効果がある。キャストというよりは、ボートから長めのロッドで、エサ釣りでするようにエイヤッとばかりにインジケーターとフライの重さを利用して投げれば良く、そのまま放置してボートと一緒に下っていくだけで、ほぼ完璧なデッドドリフトが実現できる。魚が釣れる確率が高い方法なので、ビギナーがフライフィッシングを始めるのに適した方法だ。―CM

29　鳥の巣キャスト

ロングキャストができたとしたとしても、ループがコントロールされていなければ、まったく意味がない。レフティー・クレイの言葉を紹介しておこう。

「ループを正確にコントロールできていないロングキャストは、ミスを雪だるま式に増大させるために投げているようなものだ」

もうひとつ。

「距離にこだわるあまり、鳥の巣のようになったリーダーをキャストしている釣り人がいる」

何よりも困ったことには、本人がそれに気付いていないことだ。朝、寝坊をして遅刻してオフィスに到着し、そのままバタバタと仕事に追われ、ランチタイムにようやく落ち着いてトイレに行って鏡を見ると、髪の毛が寝癖で爆発していた、なんて経験はないだろうか？　―CM

30　紅茶を飲む男

今やフライフィッシングは男だけの遊びではなくなったが、キャスティング中に時折、ティーカップを啜るように小指を伸ばしている人を見かける。これにはちゃんとした理由がある。小指をロッドから離すことで、親指に力が入り、ロッドティップの乱れに対処しているのだ。この効果を高めるために、薬指もロッドから外すのも有効である。感覚を取り戻したら、通常のグリップに戻せばいい。そうすれば、パワーとアキュラシーのバランスが元に戻る。疲れた時には、ティータイムを忘れずに—CM

31 イライラ解消法

イライラしながら釣りをしたいと思っている人はいない。けれども先行者や天候や魚の機嫌を気にするあまり、多くの釣り人はどこかしら急いた気持ちで川を遡る。その結果、しなくてもよいミスをして釣りのリズムが崩れる。その代表格がリーダーやティペットのトラブルだ。木の枝にフライを引っ掛けなければフライフィッシングの快適レベルは格段に向上する。最大の問題は、前方しか確認できない人間の目の構造だが、幸い人間は首を回すことができる。この偉大な能力を忘れているフライフィッシャーが多過ぎる。ビギナーもベテランも、老いも若きもキャストの前に自分の周囲を見回してほしい。この確認作業をするだけでトラブルは激減し、イライラすることも少なくなる。釣った魚の数を記録するのではなく、たまにはリーダートラブルやフライを失った回数をカウントしてみることを薦める。どれだけ自分が川辺で無駄な時間や労力を費やしているかが分かるはずだ。—CM

32 風は友達

綿毛のように軽いフライをキャストするフライフィッシングにとって、風が大きな要素になることは間違いない。

右利きのフライキャスターにとって左肩側から吹く穏やかな風はキスしたくなるほど愛おしいが、右肩側から吹く意地悪な風は蹴飛ばしたいほど憎たらしい。けれども、風と喧嘩したところで結果は明白だ。だから仲良くするか、少なくとも妥協しなくてはならない。右肩側から風が吹いている場合はロッドの先端を左肩側に向けて倒すか、上半身を左側に大きく倒して身体の左側でラインを往復させるようにするといい。また風が真後ろから吹いている時は、バックキャストを短くして力を入れ、風にフライラインを乗せるようにキャストする。ヨットの操舵や飛行機の着陸と同じで、追い風のコントロールは簡単ではないから、ループの形はあまり気にしないことだ。逆に向かい風は、強風でない限りあなたの味方だ。バックキャストで背後にキャストされたラインを自動的に真っすぐに修正してくれる。向かい風の際の注意点はフォワードキャストで、風の影響を最小限に食い止めるためにロッドティップを極力水面に近づけて終えるようにする。つまり、あなたが普段、時計の文字盤でいうところの10時と2時の間でロッドをストロークさせているなら、9時と1時にシフトして、バックキャストを高い位置で止め、フォワードキャストを低い置に持っていくということだ。あなたにハッパを掛けるために最後に付け加えておくと、スピードの速いタイトループは風の影響を受けにくい。だから、やっぱりあなたはタイトループを目指して練習を続ける必要があるわけだ。―ＫＤ

33 ウインドノット製作責任者

ウインドノットはその呼び名に反して、風ではなく釣り人が作ってしまう人為的な結び目である。人は責任を他になすり付けたがる生き物なのである。

ウインドノットはフライフィッシャーなら誰もが経験する麻疹（はしか）のようなものなので恥じる必要はない。重要なのは、ウインドノットの製作責任者が自分自身であることを理解することで、次のステップへ進むために何が原因で、どうすれば修正できるかを自身の試行錯誤で突き止めることである。ベテランであっても、ちょっと気を抜くとウインドノットどころか、複雑怪奇に絡まってしまったティペットを見つめて、ため息をつくことになる。―ＫＤ

34 ファーストアクション・ロッドの致命的欠陥

産業革命以来の技術革新は目覚ましく、車や航空機などの重工業だけでなく、日々の消費材にまで最先端の素材が惜しげもなく使われている。テニスやゴルフなどスポーツの世界でも複合人工素材を使った新設計ギアの開発競争が止まらない。しかしテニスを例にとれば、スイートスポットが大きいオーバーサイズのヘッドを使えば、必ず良いスコアが出るかというとそんなことはない。いつだって重要なのは道具より、その使い手の能力である。言うまでもなくフライフィッシングも同様だ。近年主流のファーストアクション・ロッドは振って楽しいし、飛距離も伸びる。なぜかと言うと、最新鋭機材は常に使用者のボロを隠そうとするからだ。つまり、キャスターの未熟な部分を道具が補完している。結果として、最新機材を使っていると自分の欠点が見えにくくなるという問題が生じる。

だから、キャスティングの練習をする時はスローアクションかミディアムアクションのロッドで練習することを薦める。一般的に言われていることとは逆に聞こえるかもしれないが、あなたが本当にフライフィッシングが好きで、どうしても上達したいと思っているなら、急がば回れでどっしり構えることだ。自分の技術に自信が持てるようになってからでも最新ロッドは遅くない。ある程度のスキルを身に着けてから最新式のロッドを使うと、自分が一気に上達したように感じるだろう。その時の自分にとって何が重要なのかをじっくり考えてロッドを選ぶべきだ。アマチュアゴルファーがタイガー・ウッズと同じクラブを使うことが正解とは限らない。—KD

35 ダブルホール

飛距離を伸ばすためにはダブルホールの習熟が必須である。ダブルホールせずに湖でフライフィッシングをするのは、ドライバーなしのアイアンセットだけでゴルフコースを回るようなものだ。ダブルホールとは、バックキャストとフォワードキャストのそれぞれのストローク中に（ロッドを持たない側の手で）ラインを引いてラインスピードを加速させる方法である。ラインを引っ張ることでロッドの反発力を増大させ、キャスト時のラインスピードを速めるという仕掛けだ。

ダブルホールは、どのように説明しても、最終的にはタイミングと感覚の問題に行き着く。このような紙上コーチングに限らず、実地のレッスンでも教えるのが最も難しいテクニックだ。

最もありがちなケースは、ラインを引くタイミングを理解していながら、戻すタイミングが分からないことだ。ラインを引っ張ったままにしておくと、結果的にラインは弛み、次のキャストに移れなくなる。ちなみにフライフィッシングの世界では、ラインを引くことをホールすると呼ぶ。バックとフォワードの両方のキャストでホールするからダブルホールで、バックもしくはフォワードの片方のみのホールはシングルホールと言う。ダブルホール習得のためのイメージトレーニングの第一歩として、まずは両手をバンジーコード（バンジージャンプに使う伸縮ロープ）に繋いだ状態でキャストしていると想像してほしい。右利きキャスターがバックキャストと同時に左手でラインをホールすると、いったん伸びたバンジーコードはロッドが止まったあたりで左手を右手側に戻したがるはずだ。バックキャストでグリップが右耳の高さで停止したとすれば、ラインをつかんだ左手も右耳近くにきているのが正しい。ダブルホールの感覚をつかむには、またエアー・キャスティングがお薦めだ。YouTubeなどを観ながら名キャスターの腕の動きを真似しているうちに、メカニズムが理解できてくる。通勤電車のホームでゴルフスイングをしているおじさんのように、エアー・キャスティングのクセを付けよう。練習を重ねるうちに必ずホールのタイミングが身に着いてくる。まさに身に着くという感じのスキルで、頭ではなく身体が覚えてくれるまで繰り返し練習することが重要だ。——KD

36　手首の誘惑　その2

ほんのちょっとしたことが大きな違いを生むことはありがちなことだが、フライキャスティングの世界も例外ではない。公認インストラクターのダン・ライトが提案するのは、各ホールの最後の最後に、手首を下に向かって大きく捻って親指を地面に向けることだ。ライトは手首を返すことによって、ラインにエキストラスピードを与えることができると断言している。手首の問題には深入りしたくないが、やってみることで何が変わるかトライしてみるのもいい。何事も経験

しないことには分からないものだ。—CM

37 両手を自由に

ゴルファーがするように、両手でロッドハンドルを握るようにしてキャストする釣り人がいる。あるいはカークのように、ゴルフを趣味にしていた人物がフライフィッシングを始めるとこうなるのかもしれない。

もしあなたの友人にフライフィッシングを始めたばかりのそんな超初心者がいたら、優しく以下のように指導してあげてほしい。ラインを持つ手をリラックスした状態で胸の近くに置き、身体をターゲットに向け、両目を真っすぐ前に向ける。ロッドを振る時は反対の腕は胸に置いたままにしておく。あなたにとっては当たり前に聞こえるだろうが、初心者というのは何が当たり前なのかが、皆目分からないということを忘れないでほしい。—CM

38 テーリング

テーリング（ループ）はゴルファーにとってのスライスのようなもので、ゲームを台無しにしてしまう。フェアウェイを大きく外れた森の中からのセカンドショットに慣れているゴルファーと、岸辺に坐り込んでウインドノットを解くのを日課にしているフライフィッシャーなら、私が何を言っているのか分かると思う。スライスの原因はクラブフェースが開いているからで、テーリングはフォワードキャスト時にフライとリーダーがラインの下に潜り込んでしまうからである。フォワードキャストのストロークで力を入れ過ぎたり、パンチするような唐突なキャストをすることによって発生することが多い。フライフィッシャーなら誰もが経験する。ライズしている鱒を発見し、キャストを開始し、キャストのループもまずまず、あと3メートル、いよいよ最後のシュート、というところでついつい力を入れ過ぎてしてしまうのが釣り人の性なのである。

物理学的に言うと、テーリングはバックキャストからフォワードキャストに向かう際に、前に向かって進むラインが後ろに向かって進むラインとクロスしてしまうために起こる現象だ。複雑に聞こえるが、とても簡単に言うと「空中で糸を結んでいる」わけである。よくもそんな器用なことが！　と思うかもしれないが、自分の潜在能力に驚いている場合ではない。そんな優れた潜在能力があるならテーリングを起こさない方に能力を使うべきだ。

ラインはいつでもロッドティップの後を追いかけるから、ティップがフラットに移動していればラインもフラットになる。しかし、どこかのタイミングでロッドに力が入ると、その時だけロッドが過度に曲がってしまい、結果的にロッドティップがダイブしてしまう。「ストロークの途中でロッドの長さが変化してしまう」とイメージすると分かりやすいかもしれない。キャストしている最中にロッドの長さが変わると、飛んでいるラインが困ってしまう。ラインを困らせないいた

めに、急な動きや突然の加重はやめておこう。──KD

39 スーパーマン登場

ドライフライフィッシングはナチュラルドリフトとの永遠の戦いでもある。そんな戦いにおいてサーペント・キャスト（S字キャストとも呼ばれる）は、最も価値のある戦術となる。フォワードキャストの際に、ラインに意図的に弛みを入れるのがポイントで、水面に落ちた弛んだラインを水流が真っすぐに伸ばし切るまで、ドラッグフリーの時間を稼ぐことができる。

S字キャストは決して難しい技術ではない。ラインが常にロッドティップの動きに追従していることは前の項でも述べた。その物理特性を利用して、キャストの際にロッドティップを小刻みに動かすことで、水面に落ちるラインに弛みを作るのだ。この方法は、特に上流に向かってキャストする時に最も有効で、どんな角度でも同じように使えるし、ドライだけではなくニンフィング（ニンフで釣ること。ニンフ・フィッシングと同義の造語）にも有効だ。ちょっと練習すれば、すぐにこの効果的なテクニックを身に着けることができる。──CM

40 キャストの前に

ゴルフのショットやアーチェリー、あるいはクレー射撃をするように、フライキャスティングにおいても、放たれたフライがどこに行くのかをイメージすることが重要だ。ライズしている魚を前にして一刻も早く投げたい気持ちは分かる。しかし、やみくもにキャストせず、キャストする前に呼吸を整えてフライが飛んでいくだろう軌道をイメージすると、不思議なことにフライはちゃんとその軌道で飛んでくれるものだ。―KD

41 トラウトが怖がること

川に潜って鱒が虫を捕食する様子を観察してみたいと思ったことはないだろうか？　私はフライフィッシングを始めて以来、いつか水底に潜って魚と同じ視点から水面を見上げてみたいと願い続けてきた。上から見下ろすエルクヘア・カディスと下から見上げるエルクヘア・カディスにどんな違いがあるかが知りたかったのだ。幸いフィールド・アンド・ストリームの編集部にも同じことを思っていた奇特な人物がいて、ある年私は機会を得ることができた。スキューバ・ギアを装着してコロラド州のサウスプラット・リバーのノース・フォークに潜った。水中に潜った私が最も驚いたのは、魚たちが私を怖がらないことだった。水中を流れてくる虫を捕食している魚と寄り添うようにしていても、魚たちは私の存在をほとんど気にしていなかった。ところが鳥の影など頭上に動いているものが見えると、途端に神経質になり、捕食を止めて水深のあるところへ移動する。私が水中にいる間に仲間に同じ場所で釣ってもらったが、水面に釣り人やキャストするロッドやラインの影が動いても、魚たちは鳥同様に怯えて警戒モードに入った。フォルスキャストが繰り返される度に警戒モードが上がるらしく、ついには岩陰に隠れてしまう。以来、私はフォルスキャストの回数に関してはとても神経質になった。最小限のフォルスキャストにとどめよう。—ＫＤ

42　フォルスキャストよりミスキャスト

理想的なドライフライの着水は、水面から30～60センチ上に浮遊しているフラフープにふわりと落ちるようなイメージだ。極力水面へのインパクトを避けるようにしたい。しかしながら、狙いが定まらず何度もフォルスキャストを繰り返すくらいなら、ターゲットに外れた位置でフライを着水させてしまった方がマシだ。ミスキャストを怖れ過ぎてはいけない。また、ホッパー系の大型テレストリアルをキャストしている時は遠慮せずに水面に叩き付けて、魚のアテンションを引く方がかえって効果的だ。—ＫＤ

43　ファーストキャストに賭ける

「一年の計は元旦にあり」という言葉があるように、世の中、何事においても最初が肝腎だ。フライフィッシングだけではなく、ルアー、エサ釣りなど大半の釣りにおいて、ファーストキャストは黄金の一投となることが多い。釣り人の存在に気付いていない魚は無防備なのだ。ことにライズしている魚のように食い気のある魚は、多少のミスキャストやフライのアンマッチも見逃してくれる。ところがファーストキャストに失敗してラインで水面を叩いたり、フライに過度なドラッグが掛かってしまうと魚の脳に「?」が点灯し、一気にセカンドキャストでの難易度が上がってしまう。

いくつか前の項にも記したけれども、ともかくキャストは焦らず、一度周囲を見回して状況を確認し、落ち着いた気持ちで正確にキャストをすることが大切だ。もちろん、アキュラシーにスピードが加われば鬼に金棒だ。しかし、もしどちらかを選ばなければならないのであれば、常に正確さを優先すべきで、こと鱒を相手にしたフライフィッシングに関して言えば、100回のうち99回は、スピードよりもアキュラシーが重要となるだろう。―KD

44 相手を研究すべし

ライズしている魚に向かって狙った通りにキャストできたにもかかわらずフライが無視される。よくあるケースだ。この場合は、しばらく魚の様子を見るべきだ。私が見てきたクライアントの100人中99人は、無視されたフライをそのまますぐに投げ返す。あれっと呟きながら、もしくは沈黙したまま、自動的にロッドが再び振り上げられるのだ。あなたはどうだろう？

狙ったレーンにフライを流せなかったのなら、それは問題ない。あなたにはまだチャンスが残っている。しかし、ほぼ思った通りにフライを流せたのに無視されたのなら、次のキャストにチャンスはないと思い知るべきだ。魚は理由があって、あなたのフライを無視している。フライがマッチしていないと判断する前に、もう一度よく魚を観察してほしい。ライズしている魚は一定のリズムを刻んでいることが多い。虫を捕食する……定位する……右に動いて捕食する……定位する……左に動いて捕食する……定位する。そして時々長めのポーズを取る。私たち人間がそれぞれ固有の癖とマナーで食事をするように、魚にも1匹1匹捕食のクセと個性がある。右側を流れる虫には見向きもしないのに、左側の虫にはたちどころに反応する魚もいるし、その逆もいる。それらのクセはしばらく観察しないことには見えてこない。ボクシングや柔道で対戦相手を研究し尽くすように、釣り人も魚を個別に研究しなければならないのだ。—KD

45　3秒ルール

トラウトフィッシングでは、フライが魚の捕食ゾーンに入った直後の3秒間にすべてがある。流速によってその距離は変わるし例外もあるが、大半のケースで重要なのは3秒という時間なのだ。これは優秀なガイドが口をそろえて語る、実証に基づくゴールデンルールである。その肝腎の3秒間だけは、フライが魚の目に捕食対象として映っていなければならないということだ。逆に言うと、3秒間だけ虫っぽく見えていればいいということでもある。

具体的に言えば、3秒間ナチュラル・ドリフトができるかどうかが成否の分かれ目になる。釣りをしながら時間を計ってみてほしい。3秒間というのは意外に長い時間だということに気付くだろう。でもがんばってほしい。あらゆる状況で3秒間フライをデッドドリフトすることができるようになれば、近い将来あなたも名人と呼ばれることになる。あなたが完璧なタイトループで27メートルキャストができるとしても、私はそんなことには興味がないし、フライを手で投げてくれてもいいし、100万円を超すギラムやギャリソンのバンブーロッドを使おうが、最新素材のロッドを使おうが、ハーディーのリールを使おうが、シルクラインを使おうが、一切何も気にしない。ただ、フライが魚の口に届く直前の3秒間だけデッドドリフトしてくれればそれでいい。それだけのことだ。完璧なキャストよりも優れたドリフト。それを肝に銘じてほしい。──KD

パートⅡ

――プレゼンテーション／鱒を誘うドリフトをするための60のヒント

トラウトフィッシングで何よりも重要なのはプレゼンテーションである。重要なクライアントを目の前にして、手間暇かけて周到に準備してきた資料をプロジェクターで映し出すビジネスパースンのように、フライフィッシャーはフライを鱒にオファーしなければならない。人間よりはるかに小さな脳を持った鱒に深遠な思想は無縁だが、食べられるか食べられないか、安全か危険かという生存に直結することに関してはなかなかの批評家なのだ。

ほとんどの場合、鱒は流れに逆らわず、自然に流れてくるものを食べている。従ってマッチ・ザ・ハッチの重要性もさることながら、釣り人にとって何よりも重要なのはフライの流れ方、つまりプレゼンテーションである。

プレゼンテーションの際に心掛けなくてはならないのは、フライをデザインされた意図通りに使うことだ。例えば、ニンフをドラッグなしで流れに乗せてデッドドリフトさせたり、スピナーを水面にふわりと落下させたり、ストリーマーを元気よく泳がせたり。必ずしもナチュラル・ドリフトがすべてではなく、場合によってはフライを動かしたり、スイングさせたり、逆引きしてみたり、ドライフライをウェット的に沈ませて釣ったり、ウェットフライを浮かせて釣ったりと、様々な方法を試みることも重要だ。ただし、あまりに不自然な動きは逆効果にしかならない。水面下に浮かんでいるニンフであれ、水面で羽を乾かしているダンであれ、昆虫は通常、流れに翻弄されているが、わざわざ魚のいる方へ向かって泳いでいく水生昆虫はいないし、ロケットのように水面から飛び立つテレストリアルもいない。

一般的にはフライができるだけ自然に流れるようにプレゼンテーションを行い、同時に自分の存在をできるだけ環境に溶け込ませることが重要であり、ロングキャストや完璧なフライはその後にくる要件となる。以下がプレゼンテーションについてのヒントだが、キャスティングと違って釣り場でしか練習できない。たくさん釣りに行くことが最大の練習であり（常に本番だとしても）、上達の秘訣だ。家を出る時には「釣りに行ってくる」とは言わずに「プレゼンの練習してくる」と言うといいかもしれない。ひょっとしたら仕事と勘違いしてくれるかもしれない。—KD

46　デッドドリフト

デッド・ドリフトとはフライが水流のまま自然に流れ下っていく状態を言い、ドライフライの釣りでは、良いプレゼンテーションとデッドドリフトはほぼ同義語である。

こんな話がある。ある日の午後、地元の川で釣りをしていた私の友人が運良く猛烈なハッチに遭遇し、どこもかしこもライズだらけだった。ところが、友人のフライには一向に興味を示してくれない。しばらく行くと、フィッシングガイドがクライアントを連れているのを見つけた。しばらく離れて見ていたが、クライアントのロッドは頻繁に半円を描いていた。なかなかの腕前のクライアントのようで、友人はタイミングを見て彼らに近づき、ガイドに、

「何を食ってるんだい？」

と聞くと、

「デッドドリフトだよ」

と答えて、ティペットの先に結ばれていたロイヤルトリュードの#14をつまんで見せた。その日ハッチしていたどんな虫にも、まったく似ていなかった。けれども魚たちはそんなことにはお構いなしに、次々とそのフライに食らい付いていたのだ。

上流に向かってフライをキャストする場合、流れに対して角度がなければないほどフライは自然に流れ下りやすい（例えば狙ったポイントの真下の水面に立ち込んで、真っすぐ上流側にキャストするケース）。一方で、流れを横切るようキャストすると、ドラッグが掛かりやすい（例えば岸際に立って、真正面の反対岸際のポイントを狙う時）。水流を受けるラインの表面積が大きければ大きいほど引っ張られる力が増すからだ。ラインが引っ張られると、リーダーが引っ張られ、ティペットが引っ張られ、結果としてフライが引っ張られてしまうために不自然な動きをしてしまう。フライが不自然に動いてしまうことを、一般的に「ドラッグが掛かった」と言う。リー

ダーが動いてしまった状態を「マイクロドラッグ」が掛かったと言うことも多い。

流れ下る本物の虫にはラインもリーダもティペットも付いていないから、いつだって究極のデッドドリフトで流れ下る。見ていて羨ましいくらいだが、恐らく虫の方としては、逆に不自然な動きをして捕食から免れたいと思っているかもしれない。

デッドドリフトの理想型は、本物の虫のようにあくまでも川の流れのままに流れ下る状態である。フライラインが長くなるほどドラッグ回避は難しくなる。これは後から述べるストーキング技術とも関係してくるが、良いプレゼンテーションはラインの長さを必要最小限に抑えることで可能となる。全体の長さを短くすることができない状態でも、ラインを空中に保持したり、上流側にメンディング（後述）することにより、ドラッグは回避できる。──KD

47 ハイスティック・ニンフィング

デッドドリフトの重要性は、ニンフフィッシングでも同様だ。特にハイスティック・ニンフィングと呼ばれる釣り方をする場合にはその重要性が増す。ハイスティック・ニンフィングでは、スプリットショットの下にふたつのフライを結び、それぞれのフライの間に約30センチの間隔を取る。ストライクインジケーターを水深に合わせてウエイトの数十センチ上に付ける。アップストリームでキャストするが、ドライフライの時と違って、自分の前をフライが通過し、下流に流れてからも重要で、ラインをインジケーターよりも上流側に保つようにするのがコツだ。魚がフライをくわえると、水面が微妙に凹んだり、インジケーターが動いたり、沈んだりするので、すかさず合わせを入れる。—ＫＤ

48　長さの理由

なぜフライロッドはスピニングロッドよりも長いかというと、ラインをコントロールする必要があるからである。フライロッドにはキャストするだけでなく、ラインをメンディングしたり、魚が掛かってからやり取りするという重要な役割がある。メンディングする時は極力ロッドティップを高く上げるのが基本だ。ラインを持ち上げて、そっと水面に置くようにロールする。9フィートのロッドの長さをフルに使ってロールキャストをすると、驚くほどの距離が射程範囲となる。一般的にロッドティップを高く上げれば上げるほど、より遠くへキャストすることができる。しかしロールキャストを終えてからは、ロッドティップを水面近くへ戻すことを忘れてはならない。高く差し上げられたロッドティップは魚がフライに食い付いた時に合わせを入れられないからだ。—ＫＤ

49　メンディング

メンディングは常に水流の影響を受けているフライラインをコントロールする技術で、効果的なドリフトには欠かすことができない。かなりのフライフィッシャーはその重要性を認識していながら、強引過ぎるメンディングと不十分なメンディングでプレゼンテーションを台無しにしている。ドライフライは見ていれば分かるが、ニンフィングをしている時に強過ぎるメンディングをすると、ドリフトのスイートスポットでフライがボトムから浮き上がってしまうというネガティブ要因となる。見えていないだけに一層の注意が必要だ。

フライへの影響を最小限に抑えるためには、1回の大きなメンディングよりも短いメンディングが効果的だ。あるいはロッドティップを持ち上げてラインを水面に置き直すだけでも、十分にメンディングの役割を果たすことが多い。メンディングのタイミングについて言えば「必要だな」と思った時にはやや遅過ぎる。「必要になるかもしれないな」と思った時点でメンディングを行うのがコツだ。　―CM

50　指標の重要性

ドライフライフィッシングでは、往々にしてわずかなドラッグで魚に警戒心を抱かせてしまう。釣り人の目にフライがナチュラルに流れているように見えても、微細なドラッグが掛かっていることが多い。というか、現実的にはフライがティペットに結ばれている以上、実は常にドラッグが掛かっていると考えた方が正しい。

それでも、極力ドラッグフリーに近づけることが肝腎だ。水面を一緒に流れ下っている泡や葉っぱやゴミや虫などを指標にするといい。フライがそれらの指標とシンクロして流れていればＯＫ、もし動きがズレていたら、すかさずメンディングするべし。―ＣＭ

51　スイング

ニンフをダウンストリームに流し切ると、下流側にラインが一直線に伸びる。こんな時に魚が掛かることがままある。合わせる必要もなく、魚が勝手にフッキングしてくれるのだ（一般的に「向こう合わせ」と呼ばれている）。フライフィッシングを始めたばかりの人は、そんなタイミングで魚が食い付いてくることを不思議に思うかもしれない。何しろどの教本もトレーナーもナチュラルドリフト、デッドドリフトと念仏のように唱えているのだから。

これはスイングと呼ばれるテクニックなのである。ニンフフィッシングをしていると、下流側に流れたフライを前方にキャストし直す際、ほぼ自動的にこの状態になる。下流にラインが流れ下っていくと、沈んでいたニンフが手前側に寄ってくるに従って水流の抵抗で浮上していき、最終的には水面にまで顔を出す。この一連の動きが、水中から水生昆虫が水面に浮き上がってきているような演出効果を発揮するのである。例えその場で水生昆虫の羽化がない不自然な状況でも、魚はついつい反応してしまう。水中から水面に上昇する物体が自分たちの食べ物であるということが、魚たちの脳に擦り込まれているからなのだ。

私の生まれ育った家には、小さな子供たちはウェットフライで釣らなければならないという祖父が決めたルールがあった。つまり下流に釣り下るわけだ。大きくなったら流れに逆らってドライフライで上流に釣り上がってもいいことになっていた。当時は危ないからと思っていたが、祖父は魚を釣らせることが釣りの面白みを伝えるための一番手っ取り早い方法だと考え、子供たちには向こう合わせで釣れてくるスイングをさせていたのだ。—ＫＤ

52　チェコ・ニンフ

極端なショートライン・ニンフィングがフライフィッシング界に旋風を巻き起こしたのはそ

れほど前の出来事ではない。この技法を世界に広げたのは国際的な釣り大会だ。従来型のフライフィッシングとの釣果の差があまりに明らかだったために多くのフォロワーを生み、やがてニンフィングメソッドのひとつとして定着した。チェコニンフ、もしくはヨーロピアン・メソッドと呼ばれるこの釣り方は、ポーランドやチェコで発展を遂げた。このテクニックをひと言で言えば「ミャク釣り式フライフィッシング」である。水中でニンフを吸い込んだ魚の当たりの出方は様々だが、ラインとリーダーとティペットが長くなるほどに当たりは取りにくくなる。ラインに少しでもスラックが入っていれば、魚の反応はその弛みに吸収されてしまい、釣り人には水中で何が起こったのかが分からない。つまりライン、リーダー、ティペットが短いほど手元の当たりは取りやすくなる。この論理を突き詰めるとラインは不要となる。従って、この技法において基本的にフライキャスティングは存在しない。事実上のノーキャストメソッドである。システムはいたって簡素で、リーダーは6フィートで3Xから5Xまでの超ファーストテーパー。ティペットはなし。

釣り方は、フライラインをロッドティップから出さず、ロッドティップを極力水面に近づけて、魚との距離を徹底的に詰める。さらにこの技法のスペシャリストたちは、ナチュラルドリフトを妨げない範囲でフライとリーダーを流速よりほんの少しだけ速めに流して、魚の反応をいち早く察知できるようにしている。トーナメント経験者によると、魚がいそうな場所にフライを入れたら、当たりがなくても小さなフックセットを繰り返すことも有効だと言う。これはミャク釣りでいうところの「空合わせ」であり、チェコニンフの最終形は、ひょっとしたら渓流用の振り出し竿ほどの全長を持ったフライロッドということになるのかもしれない。—CM

53　碇を降ろせ　その1

ワイオミング州のノースプラット・リバーで釣りをしていた春の日、午後になると立っているのが大変なほどの風が吹き始め、午前中好調だったニンフィングに当たりが遠のき始めてしまった。時間的な問題かもしれないと思いかけたけれども、水面を観察すると、下流から吹いてくる風が水面の流速を大幅に加速させていることが分かった。こんな時にはポイントにできるだけ近づいて、風の影響を受けやすいラインの長さを短くすることが肝腎だ。強風で水面が波立っていて、釣り人の存在が察知されにくいから大胆にいこう。—CM

54　碇を降ろせ　その2

ボトムに近いところにフライを流す必要がある場合は、恐れずにウエイトとフライの距離を短くしてみるとよい。水深が深くなると光量が減少するためか、鱒はこの距離をあまり気にしないようで、ウエイトの存在に怯えることが少ない。フライを魚のいる深部までしっかりと落とし込

むためには、十分な量のウエイトと、フライとウエイトの距離が重要な要件となる。―CM

55 碇を降ろせ その3

流れや風、あるいはそれらの組み合わせによって、ニンフィングのドリフトがうまくいかない時に確実な解決方法がひとつある。重さを増すことだ。言うまでもなく、モノは重ければ重いほど動きにくくなる。大きめのウエイトを追加する（前述のノースプラット・リバーでの強風下ではBBサイズのスプリットショットをふたつ追加した）。風に影響されて速く流されがちなドリフトを遅らせるための最も適切な方法だ（結局その午後、私はその川でのレコードを釣った）。

大半のニンフフィッシャーはオモリの使用に関してはミニマリストで、必要な深さに沈めるための最小限の量を選ぶ傾向がある。なるべくナチュラルに流したいからだ。その気持ちは分かる。しかし、フライがしっかり沈むまでに存在しているターゲットゾーンの多くをムダにしてしまうデメリットがあることは認識しておいた方がいい。時と場合によるが、私は基本的にはてんこ盛り派だ。一般的に必要と思われる量の2倍のオモリを付けることが多い。確かに投げ心地は悪い。でも魚は釣れる。―CM

56　BB1個が釣り人のレベルを分ける

私はパット・ドーシーを尊敬しないアングラーに会ったことがない。彼はデンバーに最も近いトラウトリバーであるサウスプラット・リバーをメインフィールドとする傑出したフィッシングガイドで、この川に関するガイドブックの著者でもある。

アメリカ国内で最も人気のあるトラウトリバーのひとつであるサウスプラット・リバーで最高のガイドとして認められているという事実は、それだけで大きな賞賛に値する。パットは謙虚で真面目で、そして驚くほど率直に、包み隠さず自分のトリックを話してくれる。私自身が彼から得た最も重要な教訓は、デッカーズ付近が釣り人でごった返している日に得たものである。

その日はコンディションが厳しく、魚はだんまりを決め込んでいた。かつあまりに多くのアングラーで賑わっていたため、釣り場を移動するという選択肢もなかった。

私はパットのアドバイスに従って、RS2とブラックビューティーのダブルニンフ・リグで釣っていた。3キャストしたが当たりはなかった。パットは私にウエイトを追加してみたらどうかと言い、私はその言葉に従った。しかし釣れない。次に私はフライを替えようとした。そのポイントには魚がいることは分かっていたから、フライが気に入らないのだと考えたのだ。しかしパットはフライは替えずに、もう少しウェイトを増やした方がいいと言う。何度かキャストしてみたが、やはり何も起こらなかった。私はまたまたフライを替えようとしたが、またしてもパットに止められて、さらにウエイトのＢＢを1個追加することになった。そして、その2投目で大きなブラウントラウトを釣り上げることになったのだ。

私がすべきは、フライを鱒のフィーディングゾーンに落とし込むための適切なウエイトを見つけることだった。私が釣り上げた魚を満足げに見つめながらパットは言った。

「ニンフの釣りでは、ウエイトが何よりも重要な要素なんだ。どんなに魅力的なフライでも、ウエイトが適切でなければ１００投しても釣れないし、逆にウエイトがマッチしていれば、たいがいのフライは機能する」

今度、鱒がいると分かっているポイントで釣りをする時には、この話を思い出してほしい。ビーズヘッドニンフを使って釣れないからニンフでは釣れないと思ってはいけない。

水深レベルが0から10まであるとすれば、ドライフライは水面の釣りだから、いつでも0レベルを釣っている。水面に魚が出てこなければ、そのポイントはそれでおしまいだ。しかし、ニンフフィッシングには残りの1から10までの10ステージがある。ビーズヘッドニンフで第4ステージの水深を探ったからといって、そのポイントを釣ったことにはならないのだ。フライパターンを変える前にウエイトを調整（ほとんどのケースでウエイトを増やすことになるだろう）してみるといい。特にスレている気難しい鱒を相手にする場合は、フライを1回替える前に10回はウェイトの調整をするべきだ。パットは「グッドフィッシャーとグレートフィッシャーの違いは1個

のBB分しかない」と笑う。―KD

57　ハイリスク・ハイリターン

金融の世界にハイリスク・ハイリターン商品があるように、フライフィッシングにもハイリスク・ハイリターン・システムがある。トリプルリグと呼ばれる仕掛けで、ティペットに上から順に、浮力のあるアトラクター・ドライフライ、その先にアトラクター・ニンフ、そしてその25センチ先のティペットエンドに小さなニンフを結ぶ。ハイリスクというのは極度に絡みやすいからだ。しかしうまくキャストできたなら、ハッチがない渓流を釣るための最も効果的な方法となる。水面に浮いたドライフライは下に付いていているふたつのニンフのインジケーターとなるため、大きく浮力があるものを使うが、しばしばこのドライフライに魚は食い付いてくる。フライが絡み合うリスクを避けるためには通常のキャストをしてはならない。バックキャストはせずに、下流側に流したラインを水流の抵抗を利用して、そのまま前方に振り上げるようにキャストすると、ループが大きなアーチになって絡むことはない。最もリスクが高い瞬間は、一番上のドライフライに魚が出て合わせ損なった際で、三つのフライがてんでバラバラに返ってきて、こんがらがった仕掛けを作り直す前に釣りを止めたくなる。―CM

58　ドライをダブルで

コロラド南東部の平原に夕方の深い影が落ちていた。アーカンソー・リバーの渓谷は平原よりひと足先に夕暮れを迎え、小型のブルーウイングド・オリーブ（BWO）の羽化が始まっていた。薄暗い谷間の中でブラウントラウトが活発に小さなカゲロウを追っている。私が迷いなく#18のBWOをキャストすると、魚が水面で音を立てた。ロッドを立てて合わせるが空振りだ。私の目には自分のフライに出たのか、本物の虫にライズしたのかが見えていなかったのだ。

この川のベテラン・フィッシングガイドであるドン・パターボーは、私にホワイトウイングの大型ドライフライを差し出した。まさかこんなのを食うはずがないと思ったが、それは私の早とちりだった。ドンはインジケータとしてそのフライをBWOの上に付けるよう私にアドバイスしたのだ。キャストすると、BWOの数十センチ前に真っ白い大型のドライフライがぽっかり浮いている。このフライがなければBWOの位置は分からなかった。魚が大きなフライを無視して先っぽの小さなフライにライズしたのが分かった。それからとっぷりと日が暮れるまで、私はホワイトウイングを頼りに次々と小さなフライでブラウントラウトを釣り上げ続けた。―CM

59　最大の発明

リー・ウルフが「釣りの歴史の中で最も重要な発明である」と語ったのが何だったか知っているだろうか？　グラファイトロッドやプラスチックのフライラインではなく、水漏れしないウェーダーのことでもないし、謙虚なリー・ウルフのことだから、もちろん自分が開発したウルフパターンのことでもない。

モノフィラメントのリーダーとティペットである。限りなく進化しつつある化学工業はフロロカーボン製のリーダーやティペットを開発し、今では水中でほとんど見えないほど超極細のティペットを使用できる。細いティペットが使えるということは、小さなフライが使えるということだ。極細のナイロンやフロロを自由に使える現代のフライフィッシャーは、かつては相手にされなかった老獪な大鱒にチャレンジすることができる。

ある年の1月中旬、西部のテールウォーターで私は友人と一緒に釣りをしていた。極寒の中、かじかんだ指先でフライを結ぶ困難を避けるため、私は前日に5Xのティペットにサイズ#22のミッジ・ラーバ（幼虫）をプリリグ（事前に仕掛けをセットアップ）しておいた。友人は#26のミッジを6Xに結んだ。

1時間後、友人は6匹の良型を釣り上げたが、私は1匹も釣れなかった。私は指先の凍傷リスクを覚悟して6Xのティペットを継ぎ足し、友人が差し出した#26のフライをその先に結んだ。まさしくその直後のキャストで素晴らしい鱒をキャッチしたのだ。それ以降、私は細いティペットの効果を疑ったことはない。細くて柔軟性のあるティペットは魚を驚かせないし、何よりも小さなフライを結んだ場合に動きが不自然にならないという利点がある。特に透明度が高く、流れの緩やかな水域でその効果は絶大だ。—CM

60 我慢が肝腎

緩い瀬の中でトラウトがライズしている。ライズには安定したリズムがあり、魚の警戒心は薄い。いただきだ！ あなたは静かに川下にウェーディングし、キャストの体制に入る。数度のフォルスキャストで距離をつかみ、シュート。「パーフェクト！」「オレって、うま過ぎ！」。あなたは心の中でそう自画自賛する。ところが、まさにその自画自賛の甘い刹那に突風が吹き、あなたのパーフェクト・ショットをライズポイントから60センチ左に吹き流してしまう。魚のフィーディングレーンから完全に外れてしまっている。その時、あなたはどうするだろうか？ あー、その気持ちは分かります。私はフィッシングガイドとしてあまりに多くの釣り人がそうやってしまうことを目撃してきた。でも、ダメなんです、我慢するのです。すぐにフライをピックアップして打ち直すのは最悪の選択なのだ。

何らかの事情で（あなたに敬意を表して仮に突風としたが、一番多いのは単なるミスキャストである）思ったところにフライが落ちなかった場合、フライが鱒の視界から外れるまでは決してフライを動かしてはならない。フライにドラッグが掛かりそうならば、メンディングさえして不自然なフライの動きを排除し、鱒の警戒レベルを上げないようにしないとならない。最もやってはいけないことが、鱒の視野内にあるフライを水面から勢いよく引き剥がすようにキャストし直すことなのである。

ミスをすると、すぐにもう一度トライしたくなる。それが人間の性というものだ。人生はやり直しが利くが（そう信じたい）、トラウトフィッシングにはやり直しが利かないケースがままある。良くも悪くも起こったことを受け入れて、次に賭けよう。そのために焦りは禁物だ。—KD

61　ウォルトンのように

川下のポケットウォーターにいるトラウトを誘い出す有効な方法に、昔ながらのウェットフライシステムがある。ティペットにリードフライ、そしてその下にドロッパーを結び、川下のポイントに向かって流すのだ。ナチュラルドリフトでもいいが、最も効果的なのは下流の対岸に向かってキャストして、フライを手前側にスイングさせる方法だ。フライラインが手前側の水流に引かれて下流で大きなアーチを描き、フライが対岸側から手前側に泳ぎ渡ってくる虫の動きを演出する。ハッチマッチにこだわる釣り人には見落とされがちだが、ウェットフライを水面直下でスイングさせる昔からのこの技法は、ウォルトンやコットンの時代と同様に現代でも有効なのだ。この技法の優れたところは、羽化がない時の食い気がない鱒たちにやる気を起こさせる点だ。フライは1本でもいいが、古典的な方法に従って2本、あるいは3本にした方が効果的であることは歴史的に数々の名手が実証してきている。この戦術はショートキャストでも可能なので、他のプレゼンテーションが困難な状況や、小さなクリークでも応用することができる。—CM

62　後退の美学

川の規模、状態、流速、風などの要因で、アップストリームでのニンフのデッドドリフトがうまくいかない場合は、ムリをして上流に向かわず、ダウンストリームに切り替えることをお薦めする。ダウンストリームでのニンフフィッシングは流れの中でもがく虫や水面に泳ぎ上がる虫などを演出しやすい。手順はいたって簡単だ。スプリットショットなどのウエイトでフライを沈ませ、下流に流しつつ、ロッドティップを上げてフライを浮上させる。流速によってはロッドティップの操作は不要かもしれない。ドリフトの最後、フライが水面近くに浮いてきた時にストライクが出ることが多い。フライはウエスタン・コーチマン、プリンス・ニンフや様々なカディスのイマージャーパターンが最も有効だが、伝統的なウェットフライパターンも悪くない。—CM

63　疑わしきは合わせよ

ジャクソンホールの名人ジャック・デニスが水中カメラを持って地元の川に入り、フライフィッシャーがプレゼンテーションを行った時の魚の反応を観察した結果、極めて興味深いことが判明した。従来のニンフィング、特にインジケーターを使った釣りでは、ストライクのおよそ40%を感知できていなかったのだ。

虫が少ない状況では、魚がフライを目がけて泳いできたり、ひったくったりするために、インジケーターやラインにその反応が表れるため、ストライクを感知できることが多い。

しかしながら水中に定位し、自動的に鼻先に流れてくるたくさんの昆虫を捕食している魚は、余計な動きをせず、ただその場に留まって口を開け閉めしているだけだ。従って、釣り人は魚がフライをくわえたことに気付かないことが多い。ことにラインにスラックが入っていると、そんな魚の当たりを取ることは不可能に近い。

そんなライトバイトの感知方法は魚にできるだけ近づき、ラインの弛みを極力なくすことだ(この理屈を徹底したのがチェコニンフだ)。あとはライン、リーダー、インジケーターなどに現れるわずかな異変を見逃さないこと。少しでも「あれっ?」と思った時は、合わせるクセを付けよう。風で動いたと思ったインジケーターは往々にして鱒がくわえた結果だし、ことに底近くを流している場合は、決してインジケーターの動きを、また底石だろうと思って見過ごしてはならない。毎回合わせを入れなければインジケーターを使う意味がない。疑わしきは合わせよ。—CM

64　インジケーターの有無

ニンフィングにストライクインジケーターを使うかどうかは、必要性よりも好みの問題だと私は考えている。バルサやポリの大きなインジケーター、ヤーンなど、インジケーターがあってもなくても魚は釣れる。

インジケーターを使わないショートライン・ニンフィングは、魚に近づけるような深くて速い流れの中で最大限に機能する。この方式はインジケーターを使用した場合に不可避なラインによる反応の遅れがなく、ストライクを直接かつ迅速に感じることができる。

一方、インジケーターは遠くのターゲットを狙えるし、何よりも見えている安心感がある。インジケーターを使用する場合は、水深を素早く調整できるものを選びたい。ドリフトさせる水深の設定とウエイトの量がニンフィングを成功させる大きな鍵だからである。

インジケーターを使用した場合やってはいけないことがある。強風時にインジケーターを使わないこと。リーダートラブルのために凧を揚げているようなものだ。仮に水面にうまく着水させることができたとしても、流下中に風を受けてドリフトのコントロールが利かなくなる。—CM

65　第一印象

パートIのキャストの項でも述べたが、水面、もしくは水面直下で補食をしている魚へのファースト・プレゼンテーションは、最大の注意と集中力で行わなければならない。どれだけ注意しても注意し過ぎるということはない。第1投で適切なプレゼンテーションを行うことができれば、フックアップの可能性はかなり高い。しかしフライの選択を間違ったり、ミスキャストやドリフトを失敗してドラッグを掛けてしまうと、魚の警戒レベルは一気に上がる。人間関係同様、第一印象を良くするチャンスは一度しかないのだ。人間同士は時間をかけて対話すると、がらりと印象が変わることもままあるが、残念ながら魚にとって釣り人は永遠の悪魔である。―CM

66　あとは振るだけ

魚を無用に驚かせないためには、キャストする位置に移動する前に、すべての準備を整えておこう。魚に接近してから準備を始めると、余計な動きを察知されるリスクがある。動きが多くなればなるほど、魚の警戒心を呼び覚ましやすい。ことに、動き回って虫を捕食している鱒はやる気もあるけれども、警戒範囲も広い。

ポイントから離れて準備することによって、魚を観察し、どこからどう攻めるかをじっくり検討することもできる。ポイントに立った時には、あとは狙った場所にキャストするだけ、という状態にしておこう。—CM

67　ドレスコード

米海兵隊にはブラック、レッド、ホワイト、ゴールドを組み合わせた立派な礼装があるが、訓練時を含めて99%はカモフラージュカラーの野戦服を着用している。海兵隊員同様アウトドアで活動するフライフィッシャーも、森や草むらではグリーン系、岩盤や砂岩地帯ではブラウン系、というように、鱒に察知されずに近づくための服装が重要だ。アースカラーに身を包み、目立たないように姿勢を低くして、忍者のようにポイントに忍び込もう。—CM

68　ラインを見る

インジケーターを使わずにニンフィングをする時は、ラインやリーダーの中で一番先端（フライ側）に見えているものに集中する。ドリフトしていたラインが止まったり、ドリフトに反する動きをしたら合わせを入れる。いずれにしても何かの指標がない限り、ストライクを感知することは不可能だ。ラインやリーダーが見えにくければロッドティップしかないが、フライロッドの大半はティップで当たりを取るような構造をしていないから、かなり難しい作業になる。―CM

69 ショートリーダーを怖れるな

シンキングラインの機能はいち早くフライを深く潜らせることだ。従ってシンキングラインを使用する場合は、リーダーを3フィート程度に短くするのが基本となる。リーダーを長くすると、フライが狙った水深ゾーンの外に出てしまうか、あるいはゾーンに到達するまでに時間がかかってしまう。リーダーを3フィートという短さにすることによって、トラウトを驚かせてしまうと怖れる人がいるが、レフティ・クレイの言葉を借りれば、「魚はリーダーの長さを確認するために泳いでくるわけではない」ということになる。ドライフライのリーダーとティペットの長さはドラッグ回避のためにあり、魚の目を欺くためにあるわけではないのだ。―CM

70 スラックはバラしの主因

アップストリームで釣りをする際に注意しないとならないのがラインスラックだ。ラインの弛みはドラッグ回避を意図していない限りロクな結果にならない。弛んだラインがフライを引っ張ったり、魚がフライに出て合わせてもタイムラグで合わせが遅くなったり、弱くなったりしてミス・ストライクの原因になる。流れ下るフライに干渉しない程度に常にスラックをなくしておかなければならない。キャスト後のラインのハンドリングはプレゼンテーションの一連のプロセスの中でも最も感覚的な部分なので、ビギナーが体得するには時間が掛かるだろう。グリップをつかんでいる人差し指でラインをグリップの間に挟み込み、ロッドティップからフライの間のラインの余分な弛みを引っ張る。引っ張り過ぎるとフライが動くから加減が重要である。キャストした後にこの作業が自然にできるようになると、いよいよビギナーを卒業だ。

スラックラインはベテランにとっても意外な盲点で、掛けた魚をバラすことが多い人は、バーブレス・フックを諦める前にもう一度自分のラインハンドリングを点検してほしい。あなたが思っている以上にラインが弛んでいることが多い。固唾を呑んでライズポイントに流れ下るフライを見つめる間、ラインをつかんだ左手が止まっていないだろうか？　—ＣＭ

71　アンバランスの妙

鱒は夏の暑さで酸素が不足している時など、私たちの想像以上に早瀬の中にいることが多い。早瀬の中にいる魚を効率的に釣るために、リフルヒッチという手法があることは覚えていていいかもしれない。主にダウンストリームのサーモンフィッシングで使われる手法で、専用のチューブフライなどもあるが、夏の鱒にも応用できる。

リフルヒッチは、簡単に言うとフライのバランスを意図的に崩して、瀬の中で虫が足掻いているように見せる手法だ。フックアイに直接ティペットを結ぶのではなく、アイから5、6ミリ程度後方（フライサイズにもよる）で首輪を掛けるように結ぶ。ホッパーなどの大きめのフライが適しているが、この時、結び目は必ず右か左の真横にきていなければならない。かつフライが下流側に流れ下る際に、結び目が釣り人側になければ機能しない。左右のバランスを崩してフライを波間でバタつかせることが目的だから、結び目をフライの上や下にしてしまうと意味がない。それぞれのフライで適切なバランスがとれるまで、ヒッチの位置を試すといい。斜め下流に向かってキャストすると、フライが水面を波立たせながら滑るように動き、トラウトを誘うことができる。上級者向けのテクニックだ。—CM

72　スパイダーマンの時間帯

昼下がりに鱒が無気力になって昼寝モードに入ったらムリヤリにでも叩き起こそう。リー・ウルフが気に入っていた鱒用の目覚ましは、水面を滑るスパイダーだった。プールの真ん中をスケーターのように滑って横切るクモを見ると、魚はじっと寝ていられなくなる。お試しあれ。—CM

73　夜陰に紛れる

老獪なブラウントラウトなど、以前に釣られてリリースされた大きな鱒は、次第に光のある時間帯をリスクのある時間帯と認識し始める。つまり、太陽があるうちは天敵の人間が活動中であることを学ぶのだ。日中エイリアンが徘徊しているとなれば、人間だって必然的に夜行性になるだろう。太陽が顔を出す前の薄暮の時間帯、太陽が沈んだ後の黄昏時、夜釣りで釣れてくる鱒は、日中に釣り上げる魚よりもサイズが大きいことが多い。この時間帯の美点は競合する釣り人が少ない点だ。釣り人がいないと思って動き始める大鱒の隙を突くわけだ。ことに夏は暑さもあって、鱒たちが活発になるのはとっぷりと日が暮れてからになることが多い。

止水域では日が沈んで水温が下がると、大型のトラウトが水底から浮上し、岸際に虫を探しにやってくる。日中は射程圏外で諦めていた大型魚たちがキャストのレンジ内に入ってくるのだ。渓流域では大きなフライに対する警戒心が弱まる。問題はフライが見えないことだが、大きなフライに出た魚は大概大きな音を立てるので心配はない。―CM

74　大は小を兼ねない

釣れない場合、そこには必ず理由がある。例えばフライを見に来た鱒が食い付かずに、定位していた場所に戻ってしまう場合、魚はあなたのフライが大き過ぎると言っているかもしれない。フライに関して言えば、フライパターンやカラーよりもいつだってサイズの方が重要だ。ホッパーなどの大型アトラクターは別として、一般的に鱒は大きなフライよりも小さなフライへの警戒レベルが低い。フライを見にきたけれども引き返してしまう魚は、何かがおかしいと感じているのだ。疑っている理由は往々にしてサイズにある。フライが拒絶されたら、まずはサイズを落としてみよう。—CM

75　神様の贈り物

場所：西部の川のテールウォーター
ポイント：ダム下のプールへの流れ込み
時間：暗くなる直前
状況：数匹の大ニジマスが音を立てながらローリングライズを繰り返している

問題：ウーリーバガーを2回キャストしリトリーブしたら、すべてのライズが止まってしまった

補足：ライズを止めてしまった場合は、必ず厳しい戦いになる。釣り人の耳には聞こえないが、水中には耳をつんざくばかりの空襲警報が鳴り響いているのだ

私はやや気落ちしながらフライボックスに並んだフライを見つめていた。普段は交換するフライを手元に戻してから、フライボックスを開けるのだが、この時はライズを止めてしまったショックから、ラインを中途半端に出したまま、フライを水中に入れて放っておいた。すると突然ラインが引っ張られ、いきなりリールが唸りを上げ始めたのだ。長いファイトの後、手元に寄せたワイルドな大ニジマスに感動した私は、こんなこともあるんだなあと神様のくれた贈り物に感謝し、フライを鱒の口から外してその日の釣りを終えようとした。

その時ふいに頭をよぎったことがあった。ひょっとして。神様がくれた贈り物は1匹の魚ではなく、もっと重要なアドバイスではなかったのか。私は試しにそのウーリーバガーをもう一度キャストし、今度は意図的にリトリーブせずに、サスペンドさせたまましばらく放っておいた。するとまた同じことが起きたのだった。先ほどと同じくらいの大ニジマスがウーリーバガーをひったくっていったのだ。偶然ではなかった。私は暮れゆく空を見上げながら知恵を授けてくれた神様に感謝した。そしてさらに1匹の大ニジマスを追加した後、結論を出した。

結論：ニジマスは動くフライに怯えていたか、少なくとも動く生物を補食対象とはしていなかった。ナチュラルドリフトの有効性はドライフライに限ったことではない。押してもダメなら引いてみな、というように、動かしてダメなら止めてみよう。—CM

76　重ね重ねのお願いで恐縮です

この本はカークとの共著だが、お互いの執筆内容の相談をしたわけではない。私たちふたりがそれぞれの経験から、それぞれのヒントやアドバイスを合体させた本だ。あえて重複させるつもりはないが、これはカークも同じことを書いているはずだ。

こんな場面を想像してみてほしい。ボトム付近でニンフを捕食しているだろう魚にキャスティングを繰り返しているが当たりがない。使うフライが悪いのか、それともプレゼンテーションがうまくいっていないのか。

フライパターンを変えるとドリフトに問題があるような気がしてくるし、うまくドリフトした後には、やはりフライに問題があるように思えてくる。どうすればいいのか？

もう回答は分かっていると思う。そう、フライでもドリフトでもなく、次にやるべきはウエイトを足すことだ。これでもうあなたはニンフィングの最も大切な点について十分学んだはずだ。しかし、もしこの本にもうひとつ項目を追加することが許されるなら、私はもう一度言うだろう。

「ウエイトは追加したか？」—CM

77　謙虚であること

フライフィッシングを始めたばかりのある年の夏、草原をゆったりと蛇行する川で釣ったことがあった。天候や水量には問題がないように思えたが、魚の反応はいまひとつだった。遠目にひとりの釣り人が見えていた。その釣り人のロッドは頻繁に曲がり、かなり良い釣りをしていることが分かったが、時々姿が消える。きっと魚をリリースするために川に降りているのだ。羨ましかった。結局その日、私は小さな鱒を数匹釣っただけで終わった。夕暮れにパーキングでその釣り人と一緒になった時、どんなフライを使っていたのか教えてほしいと言うと、彼が差し出したフライはサイズ#16くらいのスパークルダンだった。私も使ったが反応はなかった。「おかしいなあ」と呟く私に、その釣り人は「この川は立ってちゃ釣れないんだよ」と言った。そう言って自分の膝を指さした男のウェーダーを見て驚いた。膝のあたりに何重ものパッチが当たっていたのだ。男はリリースするために川に入っていたのではなかった。姿勢を低くするために屈んでいたのだ。

自分の姿を目立たないようにすることは、ことにゆったりとした流れで釣る時の成否の分かれ目になることが多い。明るく開けた場所では極力姿勢を低くし、必要であれば這ってでもアプロー

チすることが肝腎だ。—CM

78 サニーサイドダウン

太陽を背にしてアプローチすると魚の目を眩ますことができる。従って日の出、日の入り前後には大胆にポイントに接近しても大丈夫だ。ポイントに斜光線が当たっていれば魚の姿も見つけやすい。ロッドの光沢や、ヴェストからぶら下げている光り物の反射を防ぐこともできる。ただし一点だけ注意しなければならないことがある。それは釣り人の影だ。魚は水面や水底に投げかけられる影には何よりも強い警戒心を発動する。釣り人の影、ロッドの影、ラインの影、それらすべてを川面から消さないとならない。数歩左右に寄るだけで影を岸側に落とすことができる場合が多いから、ポイントに近づく前からその計算をしてアプローチしよう。—CM

79 両目で見る

インジケーターは、かつてフライフィッシングを囲っていた高い垣根を取り去るアンバサダーとして、近年その活躍が目覚ましい。あるいは、一番ありがたがっているのはビギナーに釣り方を教えることの多いフィッシングガイドかもしれない。ベテランにしても、ニンフィングの様々な場面でインジケーターが効果的なツールとなることを実感しているはずだ。

確かに見えていることは最大の美徳だ。しかし、逆に言うとインジケーターに出ない当たりは捨てていることでもある。鱒がフライを捕食したシグナルが、リーダーを伝わってインジケーターに届くまでにはかなりの時間差がある。かなりと言ってもその時間はコンマ秒だが、問題はコンマ秒で鱒はフライを吐き出してしまうことだ。

率直に言って、インジケーターですべての当たりを取ることは不可能である。しかし、確率を上げる手立てはある。それはインジケーターだけに頼らず、別な指標を同時に見る技術だ。インジケーターを片目で見ながら、もう片方の目でフライが流れているだろう位置を見る。水中がギラついたり、白いものが見えたり、影が動いたり、水流がよれたり、そんなちょっとした異変を見逃さず、すかさず合わせを入れる。この技術を身に着けることができれば漁獲は飛躍的に向上する。—CM

80　ダウンストリームでのフックセット

フィッシングガイドをしていると、素晴らしいキャストやドリフトをしていながら、せっかく魚が吸い込んだフライを引き抜いてしまう残念な人をしばしば目撃する。心当たりはないだろうか？

鱒は99％、水流が流れてくる方角に頭を向けて泳いでいる。エラの構造上、水流が流れ下る方向に向かって泳ぎ続けることができないのだ。不便な構造のように思えるが、人間の身体だって前にだけ向かって進むようにできている。生物は皆いろいろと不便を背負って生きているものだ。鱒としてもいろいろ神様に言いたいことはあるだろうが、今のところ文句を言わず黙々と上流を向いて泳いでいる。

アップストリームで釣っているのであれば、魚がフライに食い付いた時に余計なことを考える必要はない。ロッドを持ち上げればフックセットは完了だ。しかし、クロスストリームで釣っている時は事情が異なる。右利きの釣り人が左岸(下流に向かって左の岸)側に立って右岸側を釣っている場合、魚がヒットすると、多くの場合、合わせをスリークォーター気味の右上に入れることが多い。恐らくはアップストリームで釣っている時のクセなのだろうが、この動作はフライを魚の口から引っ張り出してしまうためにやっているようなものだ。あるいはフックセットしたとしても、鉤がかりが浅いため、バレる可能性が高い。小さな渓流におけるドライフライの釣りはアップストリームとクロスストリームのコンビネーションになることが多いが、流れに対して身体が横を向いている時は、必ずロッドを下流側へ向けて合わせるよう意識してほしい。

ダウンストリームで釣っている時も同様だ。多くの場合ダウンクロスでフライを流しているだろうが、この場合も先ほどのクロスストリーム同様、下流側にロッドを寝かせるようにして合わせを入れる必要がある。

問題はダウンストリームで真下を釣っている時や、ダウンクロスでフライをスイングさせた釣りをしていて、フライが止まった真下の流れでヒットした時だ（スイングの釣りではこのタイミングでヒットすることが最も多い）。残念ながら、これには明確な方法がない。下流側に合わせることが物理的に不可能だからだ。魚に虫の動きをアピールするスイングの釣りはヒットの確率も高いが、バレる確率も高い。そう思い決めて釣りをすることが精神衛生上好ましいように思える。ヒットした時に「合わせずに逆に送り込め」というアドバイスもよく耳にするが、向こう合わせはいつだって唐突で、心の準備がないまま突然ラインを「送り込む」ことは相当難度が高いテクニックだと思う。 ―KD

81 トラウトのいるところ

鱒のライズリングを発見した時、勇んでキャストの体制に入らずに、魚がどこにいるのかを正確に確認してからプレゼンテーションする習慣を付けよう。というのも、魚は必ずしもライズしている場所に定位しているわけではないのだ。特に浅くて流れが緩い場所では、一帯をクルージングしながら捕食物を探していることも少なくない。

ただし、一般的には鱒は極力体力を使わずに、最も効率的に虫を捕食できる位置に定位する。動きの速い大型の生物を追う時以外は、鱒が急ぐことはない。補食することによって得られるカロリーと、動くことによって消費されるエネルギーのバランスを常に意識しているのだ。言葉を換えれば、基本的に鱒は動きたくないし、動く時はゆっくり行動する、ということになる。水生昆虫の羽化がある際にドライフライが有効なのは、つまるところ鱒がラクをして虫を補食しようとするからである。水中を動き回るイマージャーやニンフを追い食いするのと、水面を無防備に流れ下ってくるだけのダンを補食するのとでは体力消耗の度合いがまるで違う。

従って、水生昆虫の羽化がある時には水面に注意を向けていることが多い。上流を向いて泳いでいる鱒は、補食対象である虫が視界に入ってくるのを待っている。水面をカゲロウのダンが流下してくると、鱒は頭を上に向け、風を受ける凧のように胸びれを広げ、水流を受けて水面に浮上する。水面まで浮上した鱒は、そのまま少し後方（川下）に下がりつつ、水面の虫を吸い込む。流れの速さにもよるが、鱒が虫やフライを補食する地点は、もともと定位していた場所よりも少し下流になることが多い。補食後、魚は再び定位置に戻る。

フライをキャストする時にはこの一連の捕食行動を思い出してほしい。鱒が定位している位置、鱒がフライを捕食するだろう位置、このふたつをイメージしてからキャストすると鱒の反応に慌てふためかなくなる。もしライズしている魚が視認できないようであれば、ライズリングが広がった場所から1メートル程度、上流側にフライを着水させるようにしたい。—KD

82　フィッシュウインドー

鱒は、目を起点とした内角約100度の逆円錐形の窓を通して世界を見ている。この視界は一般にフィッシュウインドーと呼ばれていて、水深によってフィッシュウインドーの範囲は変化する。深くなればなるほど魚の視野は広がり、浅くなると視野が狭まる。水面から1メートルのところに定位している鱒の視野は、水深2メートルにいる鱒よりもはるかに狭い。従って、水面から1メートルの水深に定位して、流れ下る虫を補食している鱒には極めて狭い範囲しか見えていない。フィーディングレーンにフライを流すということはつまり、魚が見ている窓の中にフライを入れるということなのだ。見えない窓の外にフライを投げても、魚には反応のしようがない。

――CM

83　タイミング

鱒の見ている窓の中にフライを流すことが重要であるのは間違いないが、しかし、見えていればいつでも食うかというとそうはいかない。私たちのディナーを思い出してみよう。ステーキをひと切れ口に入れた直後に、マッシュポテトを頬張る人はいるだろうか？

ライズを観察していると分かるが、虫の流下が安定している場合、魚の補食には一定のリズムがある。私たちが右手にナイフを持ち、左手にフォークを持ち、ステーキをカットし、フォークを口に運び、歯で肉を噛み、呑み込むように、鱒にも食事の手順がある。フォークを持つ前に、フライが目の前に流れてきても困るのだ。ライズを観察して、鱒がフォークを口に運ぶタイミングでフライが目の前を流れるようにキャストする必要がある。—CM

84 忍者のように

ストーキングは狩猟の基本である。ターゲットへの距離が近くなればなるほど命中率は上がる。かといって、近づき過ぎて相手に気付かれたらゲームオーバーだ。フライフィッシングにおいても、そのゴールデンルールは不変である。

鳥や獣を相手にしたハンティングと魚を相手にしたフライフィッシングの最大の違いは、ターゲットが水の中にいて、屈折した光の中から釣り人を見ている点である。鱒は人間のように首を回せないが、目が体側に付いているから前後左右の見通しが利く。それでも後方には死角があるため、一般的には下流からのアプローチがベストである。また、水深によってアプローチ方法を考慮しないとならない。

浅い水域や水面近くにいる鱒はフィッシュウインドーが小さいため、釣り人の姿を視認しにくい。しかし、深いプールや早瀬の中にいる鱒と違ってことさら振動には敏感だ。岸辺で足音を立てたり、ウェーディングで波や水しぶきを上げるとすべてが水泡と帰す。浅いところにいる魚は例え釣り人を視認していなくても、かなり遠くから存在を感じているのだ。とはいえ、多少のリスクを冒してでも魚に近寄ることによるメリットは計り知れない。1メートル近寄ることでキャッチの確率は飛躍的に高まる。釣り場では常に忍者に成り切って行動しよう。—CM

85　ラインの影

晴れた日に水面近くにいる鱒を狙う時は、キャストしたラインの影で魚を怯えさせないようにしないとならない。フォルスキャストでラインの影を往復させてしまうと、ほぼ100%気付かれて逃げられる。太陽の位置に常に気を配って立ち位置を決めよう。—CM

86　ダウンストリーム・ドライフライ

ドライフライだからといって、必ずしもアップストリームで釣るのがベストというわけではない。ラインやリーダーによるマイクロドラッグに鱒が極度にセンシティブな川（アイダホのヘンリーズフォークなど）においては、フライを先行させてドリフトしないとならない。

ダウンストリームのドライフライ・フィッシングで最も注意すべきは、アップストリームで釣る時よりも鱒との距離を取ることだ。前方に大きく開いているフィッシュウインドーを考慮の上で、十分な距離をとる必要がある。この距離は川と状況によってまちまちだが、距離を取り過ぎると例えフッキングしてもバラす可能性が高まるから、フィッシュウインドーのエッジすれすれの外側に立つように工夫したい。また、アップストリームよりもラインにダイレクトにドラッグが掛かりやすいため、こまめなメンディングが重要になる。鱒がライズする前をフライが波飛沫を上げながら高速で流れていってしまうような失敗は、なんとしてでも避けなければならない。ただでさえ神経質な鱒に、警戒心を与えてしまうわけにはいかないのだ。—CM

87　濡れたドライはウェットだ

よく知られている通り、鱒が水面上の虫だけを選んで補食している時は、ほんのわずかに沈むフライであっても拒絶される。

フライショップにはフライを乾燥させるためのアイテムがたくさんある。フライフィッシャーの終わりのない要求を満たすため、液体、ペースト、粉末、スプレーなど、メーカーは手を替え品を替え、様々なフロータントを開発してきた。ビギナーは種類が多過ぎて迷うかもしれないが、どれがベストということはない。いろいろ試すうちに自分の使い方にマッチしたものが分かってくる。

肝腎なのは、フロータントの成分でも、メーカーでも、形状でもない。ともかくひらすら塗り続けることだ。ついつい面倒になって、沈みがちなフライをそのまま使い続けるフライフィッシャーがいるが、ドライフライは浮いていることが最大の機能なのだ。魚を釣り上げた後はフライを交換するのがベストだ。使ったフライは乾けば再度使用できるのだから、ここは面倒くさがらず、フライを最大限に浮かせるための処置をしてほしい。―CM

88　第4の男

時：1月
場所：コロラドのロアリング・フォーク
課題：極めて冷たい水中で、ボトム近くに留まっている動きの鈍いトラウトにフライをくわえさせること

3人のアングラーは、ビーズヘッドニンフにスプリットショットを2、3個付け、上流から下流にドリフトさせて、メンディングでドラッグを回避するというオーソドックスな方法で釣っていた。時折、散発的に3人の誰かが鱒を釣り上げた。しかしながら、4番目のアングラーのロッドは2回のキャストに1回は曲がっていた。3名は恥を忍んで、どんなフライを使っているのか

4番目の男に聞いた。肝腎なのはフライではなく、彼のシステムだった。

彼のビーズヘッド・フライは、船のアンカーと同じ比重のタングステンワイヤーとタングステンビーズで重かった。また、ティペットには大きめのスプリットショットを2個付けていた。斬新だったのは、大昔に使われたパンフィッシュ用の浮きのようなバルサ製の大型インジケーターで、かなりの重量があっても浮いていられるほどの大きさだった。このリグで4番目の男は他の誰よりも長くデッドドリフトを続けることができたのだ。

こういった重量級のリグをキャストすることはほぼ不可能で、浮き釣りのようにウエイトを前方に放り投げるようにしてキャストする。—CM

89　慎重な魚

ある春の午後、ユタ州のグリーン・リバーで、デニー・ブレアのボートから釣りをした時のことだ。私たちはフレミング・ゴージ・ダムの下流にいた。水は澄んでいて、大型の鱒をセミのドライフライフライフライで狙う絶好の日和だった（釣り人がグリーン・リバーで釣りをしたがる最大の理由はここにある）。

ボートから岸に向けてキャストした私が、次のポイントに向けてフライをピックアップしようとした時、デニーは「ちょっと待って！」とストップをかけた。「ピックアップしちゃダメだ。

最低でも30秒はそのまま浮かせておかないと」

まるでデニーのその言葉が合図だったように、どこからともなく1匹のブラウントラウトが水面に姿を現し、セミフライのお尻を嗅ぐようにして25メートルほどそのままの姿勢でボートと一緒に下流に流されていった。やがて鱒は大きなフライを呑み込む決心をしたようで、フライが水面から消えた。私は一瞬の間を置いてから大きく合わせた。この魚は、私がこれまでグリーン・リバーで釣った最大の魚となった。

水深、透明度、流速、天候、魚の密度、魚の大きさ、ドリフトの良し悪し、先行者の有無、フライの種類など、条件の違いで、魚がフライを見つけてから口にするまでの時間が変わることを知っておこう。―KD

90　飛んでいるフライは魚を釣らない

「飛んでいるフライは魚を釣らない」という金言を知っているだろうか。フォルスキャストを含めて、フライが空中にある時間が長ければ長いほど釣果が落ちるという意味だ。

ドリフトボートからの釣りでは、フライと同じ速度で流れ下ることができるので、フライをより長くドラッグフリーの状態でとどめておくことができる。ボートからの釣りはキャストしない方が釣れるという鉄則を覚えておこう。―KD

91 あなたのコーチはあなた

釣りに限らず、世の中のあらゆる物事において経験に勝るものはない。つまるところ、釣りをしている時間が長ければ長いほど魚が釣れるようになるものだ。どんなに素晴らしい内容の本、雑誌、新聞記事、ビデオ、YouTubeであっても、現場での体験にはかなわない（この本を除く）。冒頭でキャスティングについて述べたように、最終的にフライフィッシングもその人なりのやり方に落ち着いていくが、何よりも自身の経験から学ぶことが多い。どうキャストするのか、どこに鱒がいるか、どうドリフトさせるか、どんなフライを使うか、などを他人から学ぶことはできたとしても、それを身に着けるためには自分でやってみるしかないのだ。あなたにとっての最高のコーチは、あなたを知っている自分自身なのである。

アリゾナ州マーブルキャニオンにあるフライショップのオーナー、テリー・ガンは、かつて私に「アングラーは自分自身に教える方法を会得しない限り、釣りがうまくならない」と言った。フライフィッシングを始めてまだ間がない人には、気が遠くなるような先に思えるかもしれないが、続けているうちに技術は脳から身体へと移行し、自動的に身体が動くようになる。大切なのは練習と実践だ。釣果は釣り人が水に浸っている時間に比例するのだ。—KD

92 後悔は復讐の元

これまた一般的な人生訓で恐縮だが、フライフィッシングにおいても失敗から学ぶことは多い。というか、現実的にはフライフィッシャーは大半を失敗から学ぶ。失敗の教訓は重い。釣りにおける失敗とは、主に釣り逃したり、バラしたりする結末を伴っているわけだが、そのすべてに原因や理由がある。そして、原因と理由があるからこそ釣り人は後悔する。重要なのはその後悔こそがリベンジの原動力となる点で、「なんであの時ティペットを点検しておかなかったんだ！」といった、自分に対する怒りや反省が釣り人を成長させるのである。—KD

93 フライの交換

ヘンリーズ・フォーク（フライフィッシング大学院）の8月は過酷だ。ハッチはまばらで、有名なレイルロード・ランチ・セクションでさえ釣り人の姿は少ない。一日中釣りをしていてもチャンスは少なく、ホッパーなどのテレストリアルパターン（レネ・ハロップ言うところの「インディアン・ジュエリー」）でしか勝負にならないことも多い。

ある朝、私はガイドのボブ・ラムと一緒に釣りをしていた。幸運にも岸際にライズを見つけ、俄然やる気になった。千載一遇のチャンスに、私のキャストしたフライはうまい具合にフィーディンググレーンに乗った。ベストキャスト。我ながら完璧なプレゼンテーションだ。ドラッグフリーでライズポイントに近づいた。鼻先が水面に突き出た。今だ、そこだ。フライを吸い込むはずのまさにその瞬間、鱒は突然Uターンして深みに戻った。私は戸惑いつつも、すぐに次のキャストに移った。

「ちょっと待った!」

ボブはバックキャストで背後に倒した私のロッドをつかんだ。

「今のキャストは完璧だったじゃないか。同じフライをもう1投して、次は鱒が考えを変えると思うかい?」

私たちは釣りを中断して場を休ませた。鱒の警戒レベルが下がるまで待つべきだと判断したのだ。ボブは自分のフライボックスから一風変わったホッパーパターンを取り出して、

「今度はこれでやってみよう」

と言った。しばらく待っていると、鱒はさきほど定位していた場所に戻った。私は再びキャストに集中し、フライはまずまずの位置に落ちた。魚はデジャブのように再びゆっくりと上昇してきた。鼻先が水面を持ち上げる。そこだ。魚は今度はゆっくりとフライを吸い込んだ。大鱒は暴れに暴れて、私を手こずらせたが、最後にはボブの差し出したネットに収まった。

魚が見えて、フライを吸い込まなかった後に、すぐに再挑戦したくなる気持ちを抑えることは

難しいことだ。しかし、ドリフトがうまくいった場合には、もう一度同じフライでプレゼンテーションしても反応に変化がない、もしくは警戒心を煽るだけで、逆効果になることが多い。こういう場合はフライを替えてみよう。デンバーの著名ガイド、トム・ウィットリーは、フライを見た魚がUターンした場合はフライパターンをワンサイズ下げるという。―KD

94　一網打尽は網でやるべし

ほとんどのフライフィッシャーが一度は経験したことがあるだろう悩ましい状況がある。イブニングライズで100匹のトラウトが水面の虫を食べまくっている。あるライズを狙ってキャストしようとすると、すぐ脇でもっと大きなライズが起こり、あなたは急遽ターゲットを変更する。なぜかキャストが雑になり、狙っていたライズ地点にフライが着水しない。ライズの嵐を目の前にして、異様に気がはやっているあなたは、ターゲットを絞らずに見境なくキャストするようになる。水面に浮かんだフライを雑にピックアップしてはキャストし直す。分かっているだろうが、これは最悪のシナリオだ。明確なターゲットを定めずにライズしている魚の群れの中にキャストするのは、魚を散らすための行為でしかない。魚とは常に1対1で向き合わなければならない。1匹に集中して、できれば群れの後方から前方に向かって順序よくキャストするべきだ。うまくいけばワンキャスト、ワンフィッシュ天国が待っている。

鱒は背後で起きていることには気付きにくいが、前で起きていることには１００%反応する。だから、ライズの雨のど真ん中にフライを落とすと、その1匹は釣れても下流側にいる残りの鱒は次の一投を警戒してライズを止めてしまう。１００匹のチャンスが、不用意な一投で50匹に目減りしてしまうのだ。テリー・ガンは「ライズしている魚の群れの真ん中にキャストするのは、ウズラの群れの真ん中に向かってショットガンをぶっ放すようなモノだ」と言った。すべての魚を逃すことになる。ターゲットを選び、照準を定め、そっと引き金を引く。いつものようにやるだけのことだ。魚の数が増えたからといって、やり方が変わるわけではないのだから。―KD

95　メンディングはこまめに

ダウンストリームでのニンフィングでは、フライが自然に流れ下るようなドリフトができていれば、何度もキャストし直すよりも、数回のメンディングで多くの水域をカバーした方が効率的だ。

キャストして水に馴染んだフライが、ラインのテンションで下流側に浮いてくる気配があったら、手元のラインを送り出しながらメンディングを行う。さらにもう1回。そしてもう1回。ロッドティップを小さく振るように動かし、ガイドに手元のラインを送り込んでいく。20メートル先でインジケーターに反応があった時にフックセットできる程度のスラックに抑えておかないと意

味がない。最初は加減が難しいかもしれないが、コツはちょっとずつ、こまめにメンディングすることだ。—KD

96 ドライニンフ

それぞれのフライに決まった使い方などはない。デザインされた通りに釣らなければ釣れないわけではないのだ。例えば私が経験した最高のニンフフィッシングは、友人のトニーと一緒に釣ったコロラド・リバーでのことだった。

私たちが使ったニンフはデイブズ・ホッパー。そう、デイブ・ウィットロックによる有名なホッパーパターンだ。もちろん、ドライフライでの使用が前提だが、その日はたまたま沈んだホッパーに鱒が反応したために、それ以降は意図的にホッパーを濡らして沈めて釣り、素晴らしい一日になった。

これは古典的なプレゼンテーションではないかもしれない。しかし、日々釣り場の状況は変わるし、昆虫の羽化の状況も変化する。例えば、沈んだエルクヘア・カディスに魚が食い付くというハプニングは誰もが経験しているのではないだろうか。それを単なる偶然と思ってエルクヘア・カディスを浮かせ続けるか、意図的にエルクヘア・カディスを沈めて釣るかで、その日の釣果に大きな差が出る。水面にポッカリ浮かんだバッタやカディスよりも、流れに揉まれて沈んで流れ

た方が自然な日和や状況があるものなのだ。—KD

97 シェイク・イット

鱒に食い気がなく、流しているストリーマーに最後の一歩を踏み出そうとしない時は、次の方法を試してみよう。フィーディングスポットにフライが流れた時、ロッドティップを上下に激しく揺らすのだ。フライに細かい振動が伝わり、鱒が条件反射で反応することがままある。—CM

98 スネーク・ピックアップ

多くのキャスティング・インストラクターがSピックアップと呼んでいる、ローインパクトなピックアップ方法がある。水面からラインを引き上げる際に、水面の乱れを軽減するテクニックだ。水面を蛇が泳いでいる時の動きを想像してみると分かりやすいだろう。ラインを一気に水面から引き上げるのではなく、スムーズに分割して持ち上げるための手法で、鱒を驚かせないでラインをピックアップするのに有効な方法だ。

やり方はこうだ。普段通りに弛んだラインを手元に回収した後、ロッドティップをゆっくりと持ち上げてバックキャストを開始するが、その際10時の位置までロッドティップを左右に揺すりながら持ち上げる。そうすると水面のラインが蛇のようにくねくねと動く。ティップが10時を過ぎたら、左右に揺するのを止め、いつものバックストロークに切り替えて通常のキャスティングを再開する。鱒はいつだって水面の動きにとても敏感で、前述したように、ことに流れの緩い浅い場所にいる鱒は、音や振動への警戒心が強い。荒っぽく騒がしいピックアップは厳禁だ。それほど難しいテクニックではないのでぜひ練習してみてほしい。―CM

99　さようならインジケーター

今時、ニンフィングでのストライク・インジケーターは当たり前になったが、使用に当たって不適切なシーンがあることを覚えておいてほしい。釣り人が多く、かつ水深が浅い場所では、インジケーターの流下が鱒のアラート要因になることがまマある。インジケーターが流れてきた時に横に移動してしまう鱒がいたら、それは釣り場全体にストレスが掛かっていると考えた方がいい。―CM

100　インジケーターはミニマリストで

前項の問題を解決するには、小さなインジケーターに替えるのがまずは第一対応として適切だろう。もともとインジケーターにニンフとウエイトを支える以上の浮力は不要で、小さなインジケーターは、より微妙な当たりに反応するし、より簡単にキャストできることを忘れてはいけない。—CM

101　風船型インジケーター

インジケーターには様々な種類があるが、最近私が気に入っているのは小さな風船のような形をした丸いソフトプラスチック製のインジケーターだ。このインジケーターには四つの良さがある。まずサイズの割に浮力があるということ、次に水深の調整が簡単なことだ。アイレットループにハーフヒッチノットを通しておけば、数秒で水深を調整することができるし、大小のユニットの交換も容易だ。三つめは、ヤーンよりも風の影響を受けにくく、キャストしやすいこと、四つめは、浮力を得るためのフロータントのドレッシングが不要であることだ。—CM

102　隠し鈎

鱒は補食モードに入っていない時でも、条件反射的にフライに反応することはある。しかしながら、反応するだけでフライをくわえるところまではいかないことが多い。やる気のない鱒を釣り上げることは簡単なことではないのだ。

10年ほど前、著名なアングラーであるフランク・スメサーストと彼のパートナー、ギフォード・メイサムが、大型フライのすぐ後ろにスティンガーと呼ばれる小さなトレーラーフックを結ぶという方法を使って、テレビ番組のコンテストで4万ドルを獲得したことがあった。

鱒がフライに出てきても食わないという状況でも、何とか魚を釣り上げようとフランクたちが考案したのがこのスティンガー・システムだ。スティンガー・フックはフライの後端に隠されている。フライが本物の虫かどうかを知るために後方から近づいた鱒が、確認のためにフライ後方の先端をくわえると、隠れていた鉤でフッキングするという仕掛けだ。ダーティーなイメージに抵抗がある人もいるだろうが、引っ掛けているわけではない。しっかりと釣っているのだ。賞金稼ぎには彼らなりのアイディアがある。――CM

103 グリスは控えめに

リーダーに浮力用のグリスを塗るかどうかはいまだに議論の対象だ。水面下からの写真を見る限り、グリスを塗ったリーダーが水面でコイル状になっていると光の球が集まったように見え、魚の警戒心がアップするだろうことは間違いない。しかし光の角度、リーダーのよれ具合、グリスの種類（リーダー専用のフロータントもある）など、条件によって見え方が変わるだろうことは想像に難くない。一方で、沈んだリーダーはフライを水中に引きずり込んでしまうデメリットがある。

というわけで、私は妥協案としてリーダーの大部分にグリスを塗り、フライから45センチのティペットだけはそのままにしておくことにしている。この先端部分が沈んでいれば鱒に異変を悟られることはない。―CM

104 波に注意

ウェーディングの際に発生する音や水しぶきが鱒に警告を与えることは周知の事実で、今さらここで語る必要もないだろう。では、波はどうだろう？ 私が言う波とは、人間のサーファーが乗るような波ではなく、アリが乗るような微細な波だ。プールにウェーディングすると、前方に弓状の波が幾重にもなって前に進んでいく。この弓状の波はどれだけゆっくりとウェーディングしても消すことはできない。で、何が問題かというと、波そのものというよりも、波が作る縞々の光の帯である。ことに晴れた日にはその陰影が強く出る。状況によってはウェーディングするしか方法がないケースもあるだろう。ただ、可能な限りプールには入らない方がいい。というのも、プールの岸際、もしくは渕尻は魚が定位しがちな場所でもあって、ここにいる魚を驚かせてプールに走られると、もともと深場にいた鱒たちに警戒警報を発令したも同然だ。

いずれにしても、水深のあるプールではフィッシュウインドー自体が広く、鱒の視界に入りやすいのに、そこに波というネガティブ要素を加えるのは得策ではない。―CM

105　ロッド・フラッシュ

フライフィッシャーにはそれぞれお気に入りのフライロッドがある。バンブーロッドしか使わない人がいれば、新製品が出る度に新調する人もいる。スローが好きだという釣り人がいれば、ファーストが良いという釣り人もいる。私はその手の嗜好については一切何も気にしない。しかし、一点だけ心に留めておいてほしいことがある。あなたのロッドはギラつき過ぎていないだろうか？　素晴らしいキャスティング性能でもって、仮に思い通りのところにフライを落とすことができたとしても、前後に振られたフライロッドが太陽を反射して、魚を警戒させてしまっては元も子もない。アプローチの際にはロッドを低く保持し、キャストの際には必ず太陽の位置を意識するような癖をつけてほしい。あるいはツヤ消しマット仕様のロッドという選択肢もあるだろうが、そうなるとリールも気になってくる。―CM

パートⅢ

――水を読む／川の中で鱒を見つけて、効果的にキャストするための37のヒント

キャスティング、プレゼンテーションに続く三つめのテーマは「水を読む」である。母国語で書かれた本を読むのはさほど難しいことではないけれども、外国語で書かれた本となるとそうはいかない。フライフィッシングのビギナーは、外国語を学ぶように「水を読む」ことを一から学ぶ必要がある。フランス語を一生勉強し続けたとしても、プルーストの『失われた時を求めて』を原文で読める日がくるとは思えないというあなた、安心してほしい、水は言語ほど複雑にできていない。大阪弁があったり、博多弁があったり、歴史上の都合や文化的な事情で多くの例外が存在する人間の言語に比べて、気持ちがいいくらいシンプルだ。高みから低みに向かって流れるという大原則が覆されることはないのである。ネッシーやイエティやＵＦＯが本当に存在しているとしても、この広い世界の辺境のそのまた片隅の地の果てまで行ったとしても、下から上に流れる川は存在しないのだ。安心してほしい、こと水を読むことに関しては「いや、それが実は……」という例外はない。ただし水を読むと言ってもその目的は魚を釣り上げることで、何よりも肝腎なのは「鱒がいる場所」を見つけ出すことである。魚心あれば水心というわけである。

またまたゴルフの話から始めさせてもらう。ゴルフのワンラウンドは18ホール。ゴルファーがアドレス完了後にクラブを振り上げてボールを打ち、フォロースルーでショットが完了するまでの実時間はおよそ2秒。パターを含めてひとつのホールで平均5回打つとすると、1ホールあたり10秒。18ホールのトータルは180秒、つまり3分という計算になる。イン、アウトのワンラウンドに4時間かかるとすると、3時間57分はクラブを振ることはない。ではゴルファーはその間何をやっているかというと、コースを歩きながら考えているのである。

――今のショットは失敗だった、次のドライバーはアドレスを変えよう。またラフからのショットだけれども、前のホールと同じようにしっかりと打ち込めばパーも狙える。この下りのパットはやっかいだな、前の週にプロツアーで使われたばかりだから、グリーンがまるでスケートリンクみたいにツルツルだ。

フライフィッシャーも同様だ。実際に魚とやり取りしている時間は一日フルに釣っても30分を超えることはないのではないか。その他の時間、釣り人は、水流の微妙なよれ、落ち込み前の開き、プールからの流れ出しを見つめながら、魚はどこにいるのだろうと考える。

――あの岩と岩の間か？　ならば左側の岩の上にラインを乗せれば、手前側の速い流れを回避できる。今、羽化したのはマダラカゲロウだ。そろそろ鱒が上ずってくる時間帯だぞ、フライのサイズを変えてみるか。

そう、フライフィッシングはゴルフ同様、精神的なスポーツなのである。あなたは確かに魚と勝負しているが、しかし大半の時間帯を「考えること」に費やしている。ゴルフが他の3名とのゲームに見えても、本当の相手は自分自身だと言われるように、フライフィッシャーのあなたが勝負しているのは魚ではなく、実はあなた自身なのだ。

川の流れや虫、そして鱒の習性を理解すればするほど釣果は上がる。そして理解のためには現場での経験が必要で、水辺で過ごす時間が多ければ多いほど理解は進む。川の微妙な流れ方の違いに焦点を当てることができるようになった時、あなたは「フライフィッシングが好きな人」から「フライフィッシングがうまい人」へと脱皮することになるだろう。—KD

106　魚は変化を好む

ノースカロライナ州ハッテラスの65キロ沖で、スティーブ・コールターの舟に乗ってマグロ釣りを取材していた私は「このだだっ広い海でどうやって魚を見つけるんだい？」と質問した。すると意外なことに「鱒釣りと同じだよ」という答えが返ってきた。ちなみにスティーブは大西洋岸で最も知られている大物釣り師のひとりでありながら、トラウトフィッシングへ情熱を燃やし続けるフライフィッシャーである。マスとマグロが同じはずはないと思っていた私はスティーブの答えに驚いて「どこが同じなんだろう？」と聞いた。

「ほとんどの魚は変化を好むんだ。流れの変化、水深の変化、水色の変化、水底の変化、障害物、沈下物あるいは浮遊物とか。例えば大海原に海草が浮かんでいたら、そこには魚がいるということなんだ。あるいは海流が集まってくる場所があれば、そこにプランクトンなどの微生物が流されてくる。すると、それを食べる小さな魚が集まってきて、さらにその小魚を狙う大きな魚がやってくる。岩礁、沈没船、岩盤も魚を引き付けるし、水中の尾根や峡谷も同様だ。クリークには沈没船はないかもしれないけどね」

そう言われてみれば、確かに鱒釣りも同様だ。流速が違うシームや水流が合流する場所、流木が水流を遮っているところ、沈み石、深さが急に変化する棚やかけ上がりなど、どれも環境が変化する場所が有力なポイントとなる。

「ただ渓流ではこういうことはできない」

魚群探知機を見つめていたスティーブは、そう言ってスロットルを全開にした。──KD

107　鱒のバスタブ

１９７０年代初頭、私にとってモンタナでの初めてのフロートトリップに同船していたのはリー・ウルフだった。リーはすでにして伝説的な釣り人だった。私は初めてボートで下る、「世界最長の早瀬」として有名なマディソン・リバーの、あまりの特徴のなさに茫洋としていた。前後左右、ボートの周囲を見渡す限り、ただただ流れはせわしなく動いているだけなのだ。しかも、流れは太くて速い。鱒はいったいこんな重厚な流れのどこにいるのだろう？　私は素人臭い質問に聞こえることを覚悟して、リーに聞いてみた。

「魚はどこにいるんですか？」

リーはひと言、

「バスタブ」

とだけ答えた。リーは寡黙なことでも伝説的だったのだ。

身体を伸ばして、のんびり湯舟に浸かっている鱒の漫画を想像するしかなかった私の想像力に同情したのか、リーは老獪なブラウントラウトがやむを得ず口を開くようにして、私にバスタブの意味を語ってくれた。

一見、ただただ流れているように見える川だが、よく観察すると、川面がそこだけフラットになっているスポットがある。川底に凹んだ部分があると、窪みに巻き込まれた水流の速度が落ちるため、その上方に鏡のように静かな水面ができる。その静かな水面にフライを自然に流すと鱒が食い付く。つまり、鱒は窪んだ場所に定位して体力を温存しつつ、上流から流れてくる虫を待っているのだ。―CM

108　ピーターパンになりたかった鱒

ほとんどの鱒は天然のカモフラージュカラーを纏っている。身体の色調や斑点が生息環境に紛れるように生まれ着いているのだ。鉄分の多い赤い川の鱒は赤みがかっているし、花崗岩の多い川の鱒は透けるように白い。だから、釣り人は目を凝らして彼らを発見する必要があるのだが、鱒には決定的な弱みがある。地球上に本当に存在している証として、神様から影を与えられているのだ。

晴れた日はベテランの釣り人は魚を探さずに、光の当たった川底を見つめる。魚は人間と違って静止状態を維持することができない。常に泳いでいなければならないのだ。魚がヒレを揺らめかせると、水底の黒い影が動く。影が見えると、不思議なことにそれまで見えていなかった魚体が見えてくるのだ。—CM

109　水中のギラつき

普段はカモフラージュカラーで上手に身を隠している鱒たちだけれども、時にフラッシュライトで自分の位置を教えてしまうことがある。特にカディスのような動きの速い昆虫が羽化している時には、我知らず見境がなくなってしまうのだ。そんな状況の時は、決まって水中にフラッシュライトのようなギラつきが見える。水中のギラつきは魚の位置だけでなく、何を食べているのかの手がかりにもなる。フラッシュライトが見えたあたりにカディスのイマージャー・パターンを沈めて流し、水中がギラリとしたら合わせを入れる。—CM

110 余り物には福がある

誰が見ても鱒がいそうなポイントには誰もがキャストする。誰もがキャストするから、魚はすぐにスレていく。言葉を換えれば、誰が見ても鱒がいそうなポイントの魚は釣り上げることが難しい。だからその逆をいこう。多くのアングラーが見逃す小さなスポットを狙うのだ。実際スレた魚は大きなポイントの周辺に広がった浅場にいることが多い。なかでも岩陰や、瀬脇で微妙に流れが合流しているようなポケットウォーターは飛ばさずに丁寧に釣ろう。—CM

111 ロックオン

流れの中から顔を出している岩や、岸から突き出ている岩には常に注意を払うべきだ。岩は水の流れる方向を変化させながら、その周囲に微妙なヨレと複数の筋を作り出す。流心に突き出た岩にぶつかって左右に分かれた2本の筋は、すぐに下流で再合流して1本の流れに戻る。アップストリームで釣っているなら、この岩周りへのファーストキャストはふたつの筋が再合流する地点を狙って行うのが定石だ。鱒はふたつの筋が合流する地点を好むからである。

次のキャストは1投目の上流側の左右それぞれの筋を流すようにする。魚は速い水と遅い水が接するシームを好むため、岩裏の遅い流れと外側の速い流れが接するこの場所が好ポイントとなるのだ。岩のすぐ後ろにできている鏡のようなデッドスポットにも1、2投する価値はあるかもしれないが、前のふたつのポイントに比べるとかなり格下のポイントだ。

速い流れに乗って川を流下してきた虫は、岩などの障害物が作り出す遅い流れに引き込まれ、流速の違う水流の狭間にはまり込んでしまう。そんな虫を効率的に捕食するため、鱒は酸素が確保できる範囲内で、流速が遅い側に身を置くことが多い。流速の速いところに滞留すると体力を消耗するからだ。 ―KD

112　後ろから前から

前項に書いたように、鱒は岩の後ろに形成される流れを好むが、岩の前が好きな鱒もいる。鱒にも個性があって、それぞれ好みの位置があるものなのだ。上流から流れてきた水流が岩に押し付けられることで、岩の前に小さなバックウェーブが発生する。賢い（しばしば大きな）鱒は、上手なサーファーのように、力を使わずにその波に乗ることができる。少ないエネルギーで、2本に分かれる前の水流を流れていく昆虫を補食することができるのだ。後ろをやったら、前をやらないで岩から離れてはいけない。鱒の好みに合わせる必要があるのだ。―KD

113 ファイブ・ステップ・アプローチ

私は前掲のふたつの項をひとつのパッケージにして「ファイブ・ステップ・アプローチ」と呼んでいる。繰り返しになる部分もあるが、ビギナーには極めて具体的なアドバイスになるので、飛ばさないで読んでほしい。

今度はちょっとだけ条件を変えて、流心ではなく、岸から岩が張り出していることにするが、アプローチの基本はまったく変わらない。

ステップ1　岩が作り出している筋のテールアウト（流れの尻）にキャストする。最大の魚はここにいるはずだ。もし水深が浅く、水の流れが緩ければ、魚の警戒心は強く、セレクティブになる傾向があるので、このファーストキャストはフライチョイスを含めて慎重にいきたい。

ステップ2　岩の下端からステップ1で流したテールアウト上までを流す。

ステップ3　岩の真横を流す。ステップ1のテールアウトにいなければ、このステップ2と3のエリアのどこかに最大の魚がいるはずだ。

ステップ4　岩の岸側にできている巻き返し（岩の下流脇で、上流側に向かって巻き返している渦の中）にキャストする。ここには大物がいる可能性がある。ブルックトラウト、イワナなどのサルベニナス属の鱒であれば、岸際のこのポイントが最大のチャンスになることが多い（詳しくは次項で）。

ステップ5　岩の前の水面が盛り上がっている部分に、フライがナチュラルで流れるように上流側にキャストする。

以上をひとつのパッケージと考えて、岩周りにいる鱒を攻略してほしい。――KD

114　巻き返し

質問：鱒は常に上流側を向いているか？

正解：いいえ。

水流が岩などの障害物にぶつかることで速度の遅い筋が発生すると、結果として上流側に向かう反転流が発生する。川が低みに向かって流れるという地球上の大原則は揺るがないとしても、上流側に向かって流れることはよくあることなのだ。注意してほしいのは、結果的にそこにいる鱒は下流側を向いているということである。

この巻き返しはメイフライ、カディス、ストーンフライなどの水生昆虫を補食する鱒のディナーテーブルである。回転寿司屋のように、反転流に乗って次から次へと自動的にごちそうが運ばれてくるのである。ただし構造上、水流が遅く、酸素の供給量が少ないために鱒の種類によっては敬遠される場所でもある。

巻き返しのアプローチには注意が必要だ。アップストリームで遡行してきたあなたが前項で説明したステップ1、2、3を終えて、そのまま4に向かってキャストする位置に立つと、魚はあっさりとあなたを見つけて、そっとそのまま深みに沈んでしまうだろう。そう、巻き返しにいる鱒は本筋とは正反対の下流側を向いているから、あなたは丸見えなのだ。だから巻き返しを釣る時は、本筋の上流側かサイドに立つようにしないといけない。そうすれば、あなたは鱒の背後、もしくはクロスからキャストすることになる。

しかしながら、巻き返しの周囲には必ず下流に向かって流れる強い筋がある。その強い流れにラインやリーダーを引っ張られないように、反転流にフライを乗せて自然に流すのは簡単なことではない。ドラッグを回避するための最適なキャストはラインに意図的にスラックを入れるスネークキャストだが、それでもスラックの長さが足りないことが多く、こまめなメンディングが必要とされる。巻き返しは非常にテクニカルなポイントだが、大物がいる確率は高いから、ぜひここを狙えるように腕を磨いてほしい。―KD

115 バンクを襲え

イエローストーン・リバーは米国西部におけるダムのない最後の大河のひとつで、多くのアングラーに究極のトラウトリバーと呼ばれて愛されている。

フライフィッシング・ライターであり、この川のプロガイドでもあるキム・レイトンは、ボートに乗り込むクライアントに岸際の重要性を訴えることを日課としている。イエローストーンの川幅は4車線のハイウェイよりも広いというのに、かなりの鱒が川岸から30センチ以内、いや相当数は10～20センチ以内にいるのだ。

理由ははっきりしている。川幅が広いだけに、流芯近くの水面を遮るものは一切ないが、川岸には岩や倒木など、水面をカバーする障害物があるからである。従って、ワシやサギなどの捕食者に襲われるリスクが低く、かつスカルピンやグラスホッパーなど、鱒の補食対象は多い。川の規模が大きければ大きいほど、岸際の重要性が増すことを覚えておいてほしい。―KD

116 ローゼンバウアー・ルール

『The Orvis Guide to Prospecting for Trout』や『Reading Trout Streams』などの著書があるオー

ビス社のマーケティング・ディレクター、トム・ローゼンバウアーほど「水を読む」ことを熟知している人はいない。トムとの釣りは不思議と印象に残ることが多く、デラウェア・リバーのアッパーイーストブランチでの信じられない量のヘンドリクソンのブランケット・ハッチや、チリの人里離れた川での静かな釣りを忘れることができないが、一緒に釣る度に、トムの慎重かつ几帳面なアプローチには驚かされる。トムはファーストキャストする前にやっておくべき宿題をすべて終えない限り、フライを投げようとしない。

ある日の朝一番、車の荷台からロッドを引っ張り出しているトムに次のように聞いた時、禅問答のようになってしまったことがある。

「今からウェーディングして最初にすることは何?」

「いや、極力ウェーディングはするべきじゃないんだ」

「じゃあウェーディングしない場合は?」

「たぶん、ウェーディングするべきかどうかを考えることだろうね」

もう少し具体的な回答がほしくて粘った私のしつこさに呆れたのか、トムは、

「できるだけ川から離れて水面を見るようにするんだ。特に朝一番に岸に立つ場合、魚はバンク際にいることが多いから、細心の注意をもってしてアプローチしなければならない」

トムはライズがない場合、最大の魚は自分に一番近いプールや瀬尻にいると仮定するという。だからといって、必ずしもファーストキャストでそこを狙うわけではない。

「もしそのテールアウトの水面を掻き乱すことなく、その上流で水流がヨレている一級ポイントにキャストすることができれば、まずはそこにキャストするね。魚は流速のある水域の方がキャッチしやすいから、まずは朝一番のそのキャストでフライの選択が間違っていないかどうかを確認したい。一日の初めに自信を持てるのと持てないのとでは、その日の釣りの方向性そのものが変わってしまいかねないからね。いるかいないか分からない流れ出しの魚ではなく、まずは一級ポイントから始める方が幸福になれる。ただ、そのいるかいないか分からない魚が、万が一テールアウトにいた場合、その水面をラインでかき乱してしまうと、上流のポイントに逃げ込んでしまうだろう。そうなると、せっかくの一級ポイントがゲームオーバーになる」。──KD

117 釣りをする哲学者

トム・ローゼンバウアーは土手に立って周囲を見回す時、ブッシュや木に自分のシルエットが溶け込むように努力している。

「土手に突っ立って、本来そこにあるはずのないシルエットで鱒を驚かしてしまうと、ゲームの難易度は自動的に数段階上がってしまう」と彼は言う。

土手に立って水を読む時には、まず自分自身が風景の一部だと自分に思い込ませることが肝腎らしい。自然に溶け込むことによって多くのものが見えてくるという。──KD

118 ナーバス・ウォーター

ボーンフィッシュのガイドは、海面に現れる「ナーバス・ウォーター」と呼ばれる、海面の微細な波立ちを探して魚の位置を知る。ボーンフィッシュが群れをなして浅瀬を移動する時には、ヒレが水面上に出ていなくても海面が微妙にざわめくのだ。

実はこれは鱒にも当てはまる。特に、春のクリークや湖のような流れの緩やかな平水では顕著だ。そんな時期のファーストキャストは、じっくりと時間をかけて水面を見つめてみることから始めてみよう。 —KD

119 フライロッドに目はない

ひとつのポイントを攻略する時は、できることなら1カ所にとどまって、可能な限りのスポットにフライを流したい。ポジションを移動することによって鱒に存在を悟られるリスクが高まるからだ。しかし、現実はそれほど甘くない。そんな理想的な状況は10にひとつもないのがリアルな釣り場の実態だ。だからこそ1回1回のキャストを大切にしなくてはならない。キャストしてみてどうしてもドラッグが掛かってしまうポジションであることが分かったら、次は位置を変えてキャストしてみるべきで、同じところから何度もキャストする意味はない。

魚は目で見るものであって、フライロッドで見るものではない。キャストで探りを入れる前に目で確認することが大切だ。無計画の10回のキャストより、しっかりと計算された1回のキャストの方がほとんどの場合効果的なのだ。魚が見えず、かつライズなどのアクションがない場合に「ブラインドキャスト」が有効だと語る人もいる。しかし、それは最後の手段であるべきだ。1回のキャストの有効性を上げるために、目を使って水面や水中の変化を探すことに時間を使い、目的のないブラインドキャストはしないようにしよう。――KD

120 ライズの形態

ベテランの釣り人はライズの形態を見れば、どんなフライを使うべきかを判断できる。これは水を読む能力がフライの選択に直接関わってくる領域だ。ライズしている、もしくは見えている魚がどんな虫を食べているのかを判断することができるようになった釣り人は、『フライフィッシング101』（オービス社が米国で主催している初心者のためのレッスン）からフライフィッシング大学に進級することができるだろう。

鼻先を水面に突き出し、ゆっくりと規則正しくライズする鱒は、ほぼ間違いなくメイフライのダンを補食している。鱒が勢い余って水面に割って出てくるようにライズしていたら、その魚は浮上してくるイマージャーを補食しようとしている。速くて派手なライズは、魚が水面で動くカディスのアダルトを食べていることを示している。ポッカリと静かに広がる吸い込みライズはメイフライのスピナーか、場合によってはミッジを吸い込んでいるかもしれない。これらすべてのライズ形態は、現場で観察することでしか学ぶことができない。そんな貴重な機会にやみくもにフライを投げ続ける釣り人は、いつまでたってもフライフィッシング大学院に入学することができない。——KD

121　2種類の影

鱒は頭上を移動する影に怯える一方で、静止している影には安らぎを感じている。ことに晴れた日の日陰は、鱒たちが穏やかな気持ちで過ごすことのできる安息の地だ。どこに鱒がいるかを知るためには、影の存在を無視することはできない。晴れた日に風に吹かれた木の枝が川面にゆらゆらと影を揺らしていても、そこは狙うべきポイントにはならないが、岩や太い柳が川面にしっかりと影を落としている場所はポイントとなる。まずはその影の中に岩や水流のシームがあるかどうかを確認して、次のキャストを計画しよう。もしそういったポイントがない場合は、流れが日陰から日向へ出る直前の30～60センチ上流（日陰の大きさにもよる）の暗い側にキャストする。日陰から日向へ切り替わる直前の地点も鱒が好む変化点のひとつなのだ。覚えておいてほしいの

は、鱒は安定した影を好み、動いている影は嫌うという事実だ。―KD

122　あなたはどこに行く？

どこに鱒がいるか？　という疑問に答えるためには、自分自身が鱒になって、目の前の水中のどこかにいると想像してみるといい。あなたは釣り人や鳥などの外敵を警戒しつつも、しかし日々食べないと生きていけないし、楽しみにしている秋の繁殖に備えて栄養をため込んでおかないとならない。私だったら、虫がたくさん流れてきて、かつ外敵から身を守ることのできる場所を最有力候補とするだろう。あなたもきっと同じように考えたはずだ。しかし、私は極度の利己主義者で、自分だけ良ければ他人のことはどうでもイイと考えるタイプだ。だから私が確保した場所は絶対に譲らない。どんなにあなたが懇願してもダメだ。「このままじゃ虫が食えなくて死んじゃうよ、お願いだ、助けてくれ！」と涙ながらに訴えたところで絶対に譲らない。ここにふたり分のスペースはないのだ。「悪いね、他をあたってくれ」と私はにべもなくあなたを追い返す。正直に言おう。実は同じオスであるあなたには死んでもらいたいくらいなのだ。知ってるんだ、あなたが隣の花子を狙っていることは。さあ、あなたはどこに行く？　―KD

123
カットバンク（浸食された岸）

カットスロートやブラウンが最も好む場所は、川の流れに浸食された岸が小さな屋根のようになっているカットバンクの下だ。レインボーは早瀬や流心を好む傾向があるが、カットバンクに十分な流れがあれば狙うべきポイントとなる。平原を蛇行する川に深く暗いカットバンクがあったら、その中に大きなカットスロートやブラウントラウトが潜んでいることはほぼ間違いない。カットバンクではあれこれと考えずに、流心のストライクゾーンにフライを流すことが重要だ。カットバンクはその形成プロセスによる構造上、ほとんどの場合Rのキツいカーブとなっている。上部に張り出しがあるため、下流から真っすぐにキャストできないことが多く、ムリにアップストリームで狙うとフライにドラッグが掛かってしまいがちだ。

カットバンクを釣る時には、上流から斜めに入っていくダウンストリームを薦める。できるだけ岸に近いところに身を潜めてキャストし、スラックラインを送り、流心を流す。ことにカットバンクではファーストキャストが重要だ。一度流して魚が出てこなかったら、さっさと別なポイントに移動した方が得策だ。試行錯誤する場所ではない。―KD

124 ローウォーター、ハイウォーター

水の少ない時期には川の構造が明らかになりがちなので、ポイントがはっきりする。浅場は消えて深いポイントだけが残るから、狙いは明確になる。ただし水深がない分、外敵からのリスクは高く、魚の警戒心が高まっているために、一般に釣りは難しくなる。

逆に水位が上がった川はポイントがはっきりしなくなる。浅く見えるポイントに普段から水が流れているのか、あるいは増水した今だけ流れているのかが、はっきりしない。淵の深さもはっきりとしないし、あるいは平水時は淵ではないのかもしれない。増水した流れの中でポイントを発見するには、水の色の違いに注目するといい。増水時の鱒には居場所の二択が与えられていて、ひとつは水底、ひとつは岸際である。増水時には外敵リスクは低くなるが、流れが速過ぎると体力を消耗するため、どこかしら身を寄せる場所が必要なのだ。水底の流速は水面よりも遅く、石や岩があれば絶好の避難場所となる。また岸際には障害物が作り出す緩い流れがある。——KD

125 川を分ける

多くの釣り人は、まずは小さな川でフライフィッシングを始める。ビギナーでも危険なくウェー

ディングできるし、魚がいるポイントも分かりやすい。倒木があればその前後がポイントであることはすぐに分かるし、川の中に沈んでいる石も見えている。

ではビギナーを卒業しかけている釣り人が、例えばマディソン・リバー、ビッグホーン・リバー、ヘンリーズフォーク、グリーン・リバー、コロラド・リバー、デラウェア・リバーなど、規模の大きい川に行った時にはどうすればいいのだろう？

実はそれほど難しいことではない。まずは目の前の大きな流れに圧倒されないように気を確かに持つことから始めよう。これは気休めでも精神論でもない。大きな川で釣る時は、ちょっとした気合いを入れないと、気持ちが負けて釣りにならないのだ。

気持ちが落ち着いたら次の手順で釣りをする。

幅50メートルの川であれば、まず頭の中で幅10メートル、長さ15メートルの五つのセクションに分ける。上流に向かってウェーディングする場合は、岸に近い第1セクションから始める。まずはライズなど魚のアクションを探す。次に、岩や倒木、沈木などの障害物や落ち込みなどの地形の変化を探す。流れの変化にも注目しよう。速い水と遅い水が交わる場所はないか？　水底にくぼみがあるために水面がフラットになっているスポットはないか？　それらの変化を見つけたら順番にキャストしていく。

何も起こらない？　では、次に岸に近い第2セクションに移ろう。小さな川をアップストリームで釣っている時に上流に移動して、ひとつ上のポイントを釣る時のように、大きな川では流心側に移動していくのだ。最初のセクションと同じようにポイントを探し、丁寧にひとつひとつを釣っていく。

何も起こらない？　じゃあ、さらに流心側の第3セクションに移動しよう。

このプロセスを繰り返すのだ。川によってはそのまま対岸に行き着くこともあるだろう（ヘンリーズフォークのラストチャンス付近など）。あるいは水深があって、それ以上ウェーディングが不可能になってしまう川（マジソン・リバーのスライドあたりは、一歩以上流心に近づけない）の方が多いかもしれない。そうなったら、今度は今カバーしたばかりのセクションの上流部側に立って、その上流に向かって同じことを繰り返す。これを続けることによって、大きな川を小さな川のように攻略できる。──ＫＤ

126　すべての釣り人は平等である

フライフィッシャーは自分の釣り方を高尚であると考え、他の釣り方を否定しがちだ。それは、例えばクラシック音楽ファンが他の音楽を認めたがらないのと似ている。どちらも貴族階級の楽しみだったことが精神的バックグラウンドとなっていそうだし、複雑さと難しさが奥行きの広さにつながり、どこかしら自分がエラくなったような錯覚に陥るのだ。しかしよく考えてほしい、1本のバンブーロッドに20万円を投資する釣り人が、１０００円の延べ竿でクチボソを釣る釣り人よりもエライということがあるだろうか？　一般社会では逆ではないのか？　少なくとも家庭人としてはクチボソ釣り師の方がエラくはないか？

釣りは釣りであり、結局のところ勝負師と気取り屋を分けるのは、水を読む能力である。真の釣り人は釣法や対象魚の違いで自分を定義するなんてことはしないものだ。あまり釣れなくてもフライフィッシングをしているからオレはエライ、なんていうのは自己欺瞞のバカげた妄想である。

これまでに多くのバスプロを取材し、一緒に釣りをしてきたが、彼らの多くがフライフィッシングを経験してきている。バスマスター・クラシックに28回出場したゲイリー・クラインは、流れやストラクチャー、そしてそれらを取り巻く魚の行動をフライフィッシングを通して理解したことが、その後の経験にとって大きな力となったと信じている。

「リザーバーでクランクベイトを投げていても、川でドライフライを投げていても同じことだよ」とゲイリーは言う。　―KD

127　ホームレスの鱒はいない

増水した流れを前にして呆然とする気持ちは分からないでもない。しかし、流れの緩くなった場所を狙うと、魚のたまり場に当たって予想外の大釣りとなることがあるから、気を取り直して歩を前に進めよう。実際に歩を進めることこそが重要な戦術なのだ。増水時は流れに沿って可能な限りの距離を歩き、鱒がいそうな場所を次から次へと渡り歩いた釣り人が最大の報償を受け取ることができる。—CM

128　灯台もと暗し

人間は水中の魚を想像する時、不思議と深みにいる姿を想像してしまう。これは幼い頃に両親に連れて行ってもらった水族館の弊害だろうか。実際、不思議なことには、川でも湖でも海でも、釣り人の多くは水面をひと目見るなり深みを目指したがるのだ。フライフィッシャーにしてもその例外ではなく、初心者のグループを率いていくと十中八九、大きなプールが最高のポイントと思って我先にキャストしたがる。多くの人にとって、釣りとはたまり水で行うものなのだ。

では現実はどうなのか？　浅場に魚はいるのか、いないのか？

いる。少なくとも本来はいる。浅場には補食対象の虫がたくさんいる。ことに湖の岸際は、風の方角によっては極めて虫が集まりやすい場所となる。魚の多くは、驚くほど岸の近くにとどまっているのだ。魚を岸から遠ざけているのは他でもない、私たち釣り人なのである。そこに鱒がいないとすれば、それは日常的に釣り人から受けているストレスによるものだ。きっと、岸際には鱒にしか見えない「釣り人出没につき遊泳禁止」の立て札が立っているに違いない。—CM

129　魚だって呼吸する

真夏の太陽と大気は川の水温を上昇させる。元来サケ科の魚は緯度の高い寒冷な地域に生息する魚で、氷河期以降、生存上の様々な事情で低緯度の標高の高い地域に散らばり、一部陸封化したという歴史がある。従って夏は苦手なのだ。では、鱒たちは夏の日中をどこで過ごすのか？夏は冬とは逆で、太陽や大気に近い水面よりも水底の方が水温は低い。だから底近くに張り付いていたいところだが、夏の温かい水は酸素含有量が少ないため、じっとしているばかりでは呼吸困難になってしまうし、生きていくためには虫を食べないとならない。酸素と水が混ざる溶存酸素の割合が高く、かつ虫が流れてくる場所を必要としているのだ。簡単に言ってしまえば、水流が攪拌されて白泡がたくさん発生する落ち込みや、流速が速く波立った早瀬ということになる。一般的にホワイト・ウォーターと呼ばれるが、夏場の釣りでは外せないポイントである。—CM

130　先発投手の分析

観測機材とソフトウエアの発展のおかげで、天気予報の精度は年々上がってきている。台風の進路にしても、大きく外して被害が出るということもなくなった。私たちは以前に比べて予測可能な世界に生きているのだ。そしてフライフィッシングは多くの釣法の中でも、最も自然科学に寄り添った釣りである。直感や技術だけではなく、科学データを重視することで釣果を上げることができるスポーツなのだ。最近はバレーボールでさえ、コート脇の監督が ipad 片手にデータを分析してゲームに反映させるのだから、ヘンリーズフォークの岸辺に ipad を持ったフライフィッシャーが並ぶ日もそう遠くないかもしれない。

寒気が弱まる頃にポツポツと春の花が咲き始め、やがて野にも花が色を添え始める、その後に新緑の季節がやって来て、山は色づく。季節が進むに従って咲く花が移り変わっていくように、川辺の虫たちも季節によって羽化する時期が異なる。花の開花が年によって早まったり遅れたりするように、水生昆虫の羽化もその年の季節の進み具合によって前後するが、コカゲロウとマダラカゲロウの順番が狂うことはなく、だいたいはスケジュール通りに進んでいく。

鱒を対象にしたフライフィッシングは、ストリーマーを使ういくつかの例外はあっても、基本的には虫の釣りだ。だからこそフライフィッシングと呼ぶのだ。虫の羽化は自然科学の領域だが、研究熱心な何人もの歴史的フライフィッシャーの科学者顔負けの観察の結果、米国の主要な釣り場ではいつ何が羽化するかが判明している。有名河川のハッチチャートはガイドブックにも記載されている。つまり、虫の羽化は予測可能なのだ。先発投手が誰か分かっていれば、対応する方策もあるというもので、どの時期にどこに行くかを決めたら、まずはその川のハッチチャートを手に入れて、どんな虫のフライが必要なのかを調べることから始めよう。——CM

131　階段を降りるように

一日の手順として、まずはドライフライで釣り始めるというのは穏当な手段だろう。しばらくドライで釣りをしてみて、魚が水面のフライに興味を示さないようであれば、次は水面に向かって上昇するイマージャーを模したソフトハックルを使って、中層から表層にフライを流してみよう。ドライに比べるとやや面白みに欠ける釣り方だが、魚が釣れないという状況はさらに面白みに欠けるから、潔くドライを諦めるのだ。

このふたつの戦術が失敗した場合、魚は底近くにいて食い気もないと判断する。魚に食い気がない時はアトラクターで反射的に食わせるという方法もあるが、これは2番目にトライした戦術と似ているからパスして、魚のいる底近くにニンフを流す戦術を取る。またまたこの言葉の出番だ。「ウエイトは追加したかい?」──CM

132　見ることは信じること

サイトフィッシングには獲物を見つけて引き金を引くハンティングのようなスリルがある。ドラマの一部始終を楽しむことができるサイトフィッシングは、フライフィッシングならではの大きな楽しみのひとつなのである。逆に言うと、サイトフィッシングで釣るケースを増やせば、より楽しさが増すということになる。

テクニカルな視点からサイトフィッシングについて言えば、極めて大切な要素があって、それは釣果を向上させる効果だ。誰が言ったか「見えている魚は釣れない」という格言があるが、ことフライフィッシングに限って言えば、見えている魚の方が釣れる、それも圧倒的に釣れる。魚が見えていればピンポイントでのプレゼンテーションが可能となる。キャストしたフライが鱒の視界に入ったかどうか、どう反応したかが分かる。鱒の反応を見て、次のキャストの対策を決めることができる。早合わせなどのフッキングミスを回避することができる。魚が見えることによるネガティブ要素は何ひとつないと言っていい。楽しくてよく釣れる、よく釣れるから楽しい、というフライフィッシャーにとってのポジティブ・スパイラルを生み出す魔法がサイトフィッシングというわけだ。

魚が見えると釣果が上がる、を釣り人的に翻訳すると「魚が見える人は釣りがうまい」ということになる。あなたの友人にもいるはずだ。「よく魚が見えてるねえ」と感心される人はたいがい釣りも上手なはずである。クライアントから「いったい全体、どうやってあの魚を見つけたんだい？」と驚かれるフィッシングガイドも、まずは一流と言えるだろう。

彼らは目が良いわけではない。視力の問題ではないのだ。ではどうやったら魚が見えるようになるか（＝釣りがうまいと言われるようになるか）、著名なガイドたちの意見を聞いてみよう。

ルール1：どこを見るかを分かっていること。魚を見つける秘訣は、どこを見ればいいかを知ることでもあり、つまるところ、流れを読む能力そのものなのだ。見るべきところを見なければ、カモフラージュカラーの魚は見えてこない。ベテランはせいぜい1畳ほどの範囲を見ているが、ビギナーは10畳の居間を見ているのだ。1日も早く釣りがうまいと言われたいビギナーにはしょっぱなからバッドニュースで申し訳ないが、流れを読む能力は経験を積む他に方法はなく、一朝一夕に上達というわけにはいかない。どこに魚がいるかが分かるようになって、初めて魚が見えてくるものなのだ。もしあなたがビギナーだったら、ここでのアドバイスは「焦らないこと」だ。

ルール2：太陽の光を有効に使う。太陽を背にした順光線は水面（と魚）にスポットライトを当てているようなものだ。太陽と身体の位置関係を考えて水面を見ることがキーだが、間違っても水面に自分自身やロッドの陰を落とさないこと。

ルール3：繊細さにこだわる。デラウェア・リバーをホームグラウンドにしているフィッシングガイドのジョー・デマルデリスは、かつて私に「夜空全体を眺めるんじゃなくて、ひとつの星を見るように水中を見なければならない」と言った。つまり魚の形を探すのではなく、胸びれの白いライン、揺れる尾びれ、水底の影、などのパーツを探すのだ。

ルール4：雑念を排除する。テキサスの伝説的なレッドフィッシュガイド、チャック・ナイザーは、風や波や鳥の影や舟や空など、周囲を取り巻く環境による雑念を頭の外に追い出せば、魚が見えてくるという。やや精神論過ぎるように聞こえるかもしれないが、実は魚を見つける際に最も重要なのは集中力なのだ。

ルール5：水の流れに身を任せる。メキシコはアセンション・ベイのフィッシングガイド、アロンソ・チョックは、ボーンフィッシュの群れ全体を探す。広範囲に海を眺めていると、微妙に波立っている水面が見えてくる。全体を見て変化を探す方法で、ルール1と矛盾するかもしれないが、対象魚と環境によって探し方が違うことは覚えておいてもソンはない。

ルール6：水中を見ることを覚える。コロラド・リバーは恐らくアメリカで最高のサイトフィッシングリバーだ。フィッシングガイドのテリー・ガンは水面や底を見るのではなく、その中間の水中を見ることだと言う。そうすることで、魚の動きや微妙な色の変化に気付くという。

ルール7：時間をかける。魚がエサを食べていて、あなたの存在に気付かない時は、水辺の風景を観察するために1分ほど時間をかけよう。ブラインドキャストでフライを魚の背中に落としてチャンスを逃してしまうよりも、1分だけ時間をかけて正確なターゲットを把握すべきだ。

ルール8：見晴らしの良い場所で流れを見る。川であればなるべく高い岸の上から流れを俯瞰するように見よう。海のフラットで、フィッシングガイドがフラットボートに取り付けられたプラットフォームから海面を見つめるのには理由があるのだ。

ルール9：コロラドのフィッシングガイド、ジェレミー・ハイアットは、自分の視野の中にいくつかのテンプレートを設定すると言う。テンプレートとは水底の形状だったり、色だったり、水藻の色だったり、水藻の水中でのなびき方だったり、通常その場にあるはずのものだ。そのテンプレートと一致しないもの（色の濃淡、影、動き）を探すと魚が見えてくるのだ。

ルール10：必ず偏光グラスをかける。当たり前のことだが、最後のダメ押しに付け足しておく。朝、釣り場に着いてウェーダーを忘れたことに気付いたら、その場しのぎのウェットウェーディングでその日を乗り切る。しかし、もし偏光グラスを忘れたら、家に取りに戻る。品質の良い偏光グラスはサイトフィッシングの基本だ。フレームやレンズの種類を変えることによって、さまざまな条件に対応できる。明るい日にはアンバーやカッパーのレンズがいいし、曇りの日や夕暮れはイエローのレンズがいい。重要なのは、メガネをかけていることを意識しないほど快適に着用できるスタイルとモデルを見つけることだ。釣りをする時にメガネは顔の一部になっていないとならない。偏光グラスをしていなければ、ほとんど釣りをしていないようなものだ。—KD

133 バブルライン

ある夏の早朝、私はモンタナのミズーリ・リバーでトライコのハッチをドライフライで釣っていた。トライコは季節外れの雪が降りしきるようにハッチしていて、ライズはあったが、フライには食い付いてこなかった。ガイドのピート・カーディナルがキャストを続ける私を制止し、キャストを止めて水面を見るように言った。私は定石通り、岩の脇から下流に伸びる筋と岩裏の緩流帯のシームを狙っていたのだ。シームには泡が浮いていて、時に右、時に左に揺れては分散していた。しかしある刹那、ふいに分散していた泡が集まると、細い筋になって下流に伸び始めた。ピートはその細く白い流れを指さして「トライコ・ハイウェイ」と言った。ハイウェイの向かう先は鱒の口である。ピートに止められるまで、私はこのハイウェイが鱒たちの補食スイッチであることに気付かなかった。バブルが分散したり崩れたりすると、魚は水面に上がってこない。バブルラインがカゲロウを集団で巻き込み、白い筋になった時に、初めて鱒たちは浮上してくるのだった。

教訓：バブルラインを釣ること。水面にはっきりとした泡や気泡のラインが見えたら、その下に鱒がいて虫を食べている可能性が非常に高い。—KD

134 フィッシングガイドたちの不満

数年前、『フィールド・アンド・ストリーム』誌に、トラウトフィッシング・ガイドのお気に入りの戦術やテクニックについての記事を書いたことがある。予想に反して彼らの意見は驚くほど多様で、誰もが異なる視点を持っていた。そして何よりも自分の方法に確信を持っていた。この本の冒頭にキャスティングは十人十色だと書いたが、水を読む方法にしても基本や定石はありながら、その先は人によって様々なのだ。ところが極めて興味深いことに、そしてこれまた私の予想に反して、彼らに一番の不満を聞いてみると、ほぼ同じ答えが返ってきたのだった。「目の前を見ていない」、「足元には魚がいないと思っている」、「魚のいる場所を指さすと、いきなり対岸に向かってキャストし始める。4、5メートル先だっていうのに」

これは恐らくフライフィッシングという釣り方のイメージによる弊害なのだ。多くの人にとって、ラインを前後に行ったり来たりさせてフライを遠くに投げて釣るのがフライフィッシングなのである。フライショップにとぐろを巻いて誰彼なくアドバイスしたがる教え魔から、27メートルキャストできるまでは釣りに行ってはダメだ、と聞かされたビギナーの脳には、フライは遠くに投げるものだという先入観が刷り込まれてしまうのである。—KD

135 空飛ぶ友人

ブルーウォーター・アングラーなら誰でも、海鳥たちがダイビングを繰り返す意味を理解しているだろう。鳥山の下には魚がいるのだ。トラウト・フィッシングにおいても、鳥たちは釣り人の味方だ。釣り人は嘘をつくが、鳥は嘘をつかない。積極的に彼らのアドバイスに従おう。

ツバメが水面上を低空飛行でせわしなく行ったり来たりしていたら、100%間違いなくそこには水生昆虫が飛んでいる。そして、そのツバメが水面の何かを啄(ついば)んでいたら、これもかなりの確率で水面を流下するメイフライのダンを食べている。それまで姿の見えなかったセキレイが岸際の岩に止まるようになったら、ハッチ開始の合図だ。湖や湿地帯を流れる川であれば、水際でシギやチドリが忙しそうに草を啄んでいないだろうか。イトトンボは彼らのごちそうだ。―CM

136 白いまばたき

鱒には目蓋がない。目を閉じることができないのに眠ることができるのだからエライ。けれども、見たくないものも見なくてはならないから、意外に辛い人生を送っているのかもしれない。そんな目蓋のない鱒がまばたきをすると主張する釣り人がいた。しかも、大御所中の大御所だ。G・E・M・スキューズである。スキューズはインジケーター登場のはるか以前のニンフフィッシングの大家で、水中でニンフを吸い込んだ鱒の当たりを取る方法として、彼の著書の中で「小さな白いまばたきを見逃すな」とアドバイスしているのだ。白い小さなまばたきとは、フライを吸い込んだ鱒が開け閉めする口のことだ。見事に周囲に溶け込むカモフラージュカラーを鱒に纏わせた神様も、口の中までは気が回らなかったらしい。―CM

137 見ることは信じること、ではない

サイトフィッシングで最も重要でありながら、最も理解されていない点は、水の屈折による視差だ。簡単に言えば、浅瀬で6メートル先に見えている魚は、実際には見た目よりも近くて深い場所にいるということだ。また、実際の大きさよりも大きく見える。釣り人が語りたがる「巨魚伝説」は、案外このあたりから始まっているかもしれない。—CM

138 変なおじさん

川辺に立って奇妙な動作をしているフライフィッシャーを見たら、避けないで何をしているか見てみよう。頷きながら頭を左右に振っているその釣り人は、心に病を抱えているわけではない。彼は水面下を見るための偏光メガネを最大限に活用する秘訣を知っているのだ。あるいは、フレームを持ってメガネをぐるりと回してみるのも有効だ。眼鏡を回転させたり、傾けたりすることで、偏光レンズの角度が変わり、水中の見えなかった部分が見えてくる。—CM

139 トラウト・ハウス

居心地の良さという点から、川を自宅と同じように考えてみよう。水流が橋脚にぶつかって盛り上がった水面はディナーテーブル、流心の岩の前にはキッチンカウンター、突き出た岸脇はバーカウンターだ。気の良いパートナーが食事や飲み物を運んできてくれるところを探そう。—CM

140

フィッシング・ライ（Fishing lie）

古いジョークを知っているだろうか。ニジマスは速い流れにいる（lie）、ブラウントラウトは遅い流れにいる(lie)、釣り人はどこでも嘘をつく(lie)。嘘をつかないあなたには不本意だろうが、このジョークは真実だ。ニジマスは虫を追いかけられる瀬を好み、ブラウンは獲物を待ち伏せしやすい岸際を好む。電気ショックで鱒の生息数調査を行っている友人の生物学者は、岩から60センチ以上離れた場所にブラウントラウトがいたためしはないと断言している。—CM

141

ボスの隠れ家

ブラウントラウトはテリトリー意識が強く、鋭い歯や力強い尾びれを使って縄張りを守ろうとする傾向がある。そのために、最大の魚が最も良いポイントにいることが多い。そして、ボスブラウンが何らかの事情でその場所からいなくなってしまったら、すぐに2番手ブラウンがその場所を占領することになる。ブラウントラウトを狙う時は、ベストポイント前後の様子を見ることなしに、直球でストライクゾーンど真ん中の勝負しよう。—CM

142 濁り

濁った水にがっかりしてはいけない。魚の活性が低いと思われがちだが、決してそんなことはない。大洪水でもない限り、魚は川の水位の変動には慣れているのだ。確かに水量によって魚の活性が上がったり、下がったりすることはあるが、濁りという点に限って言えば、よほどのことがない限り補食を止めることはない。

澄んでいる時よりも、少し濁った時の方がかえって魚が食いが立つこともままある。水に色が付いているということは、川にたくさんの物（食べ物）が流れ込んでいることを示しているからである。また、濁りは外敵からのカモフラージュにもなるため鱒の警戒心が緩み、活動が大胆になる。濁った水と澄んだ水が合流している場所では、汚れた水と澄んだ水が交わるシームが絶好のポイントとなる。濁りの入った川は多くの場合増水しているため、水流とその影響を読み取る能力が通常よりも重要となる。視覚だけに頼ることができないため、障害物、水深、シームなどの変化を見極めることが、水が澄んでいる時よりも難しいのだ。—KD

パートⅣ

――フライ／適切なフライを、適切な方法で選択して釣るための43のヒント

鱒は主に昆虫、甲殻類、ヒルなど、小型の生物を食べて生きている。大きく成長すると、蛙や蛇や小魚を追い、時には共食いも辞さないが、一生を通して補食し続ける主食は昆虫である。フライフィッシングはその名の通り羽虫の釣りで、昆虫の種類とその生態を理解することが釣果に直結する。地球上には億単位の種類の昆虫が生息しているが、フライフィッシングを楽しむために覚えておかなければならないのは１００種類もいないから安心してほしい。

鱒が日常的に食べている昆虫は、大きく水生昆虫と陸生昆虫の2群に分けることができる。水生昆虫はメイフライ（約３億７０００年前に誕生した最古の有翼昆虫）、カディス（一見小さな蛾のように見えるが、一生の大半を水中で過ごす）、ストーンフライ（どちらかというと河川の上流域に数多く生息する、いわゆる川虫）、ミッジ（ユスリカに代表される小型の水生昆虫を総称してそう呼ぶ）、ドラゴンフライ（イトトンボやトンボ）などだ。もう一方のグループである陸生昆虫は、バッタやアリやコガネムシなど、元来水中にいるはずのない昆虫が強風で落下したり、大水で川に流されてしまって、結果的に鱒の食料となるもので、これらの陸生昆虫はフライ

フィッシングの世界ではテレストリアルと総称される。

どんなフライで釣るかは、次の三つのステップに従って決めていくのが一般的だ。

ステップ1：鱒が最も注目している昆虫の大まかな種類を選ぶ。

例えば、初春の里川ではメイフライ。初夏の雪解けの渓流ではストーンフライ。夏の夕暮れはカディス。夏の終わりの快晴の日であれば、バッタやビートルなどのテレストリアル。ユスリカは1年中羽化するが、特に寒い時期のダム下テールウォーターでは定番だ。もちろん地域特性があるし、複合的になることも多い。

ステップ2：虫の種類を特定する。

例えば初春の里川であれば、羽化しているのがコカゲロウなのかヒラタカゲロウなのか。虫の羽化は場所、季節、水況、天候、時刻によって変動するが、一般的な状況というのはある。例えばベイティス（日本のコカゲロウ）は春と秋の肌寒い時期に羽化する。ヘンドリクソンやクイルゴードンは米国東海岸では5月に羽化する（メイフライと呼ばれるだけに、5月はカゲロウが最も目立つ月だ）。グレイ・ドレイクとヘキサ・ジェニアはミシガン州で6月に羽化する大型のメイフライだ。グリーン・ドレイクはコロラド、アイダホ、モンタナの7月から8月の虫というように、各水生昆虫のおおよその羽化時期は決まっている。カディスはメイフライより時期的にやや遅れて羽化し始めるのが一般的だ。モンタナのサーモンフライ（大人の小指ほどの長さになる巨大なストーンフライ）の羽化は6月後半に起こる。釣りに行く場所でどんな時期にどんな虫が羽化するのか下調べしておくことは、遠征フライフィッシャーにとっては不可欠の準備だ。

ステップ3：羽化ステージを考える。

水生昆虫の成長過程はいくつかのプロセスに分かれている。メイフライを例に挙げると、卵から孵化した幼虫は一生の大半を川の中でニンフとして生活する。成熟したニンフは羽化して亜成虫になる。ニンフが亜成虫に変わる極めて短時間だけの中間形態をイマージャーと呼び、水面に上がった瞬間にダン（亜成虫）に変態する。水中から出て来たダンは、水面あるいは岸際の石や岩で羽を乾かしてから飛び立つ。メイフライの羽化の方法は種類によって異なるが、水底から一気に水面までイマージャーの形態で浮上するタイプが最も鱒の餌食になりやすい。というのは、羽根が乾くまでの数秒間、水面に浮いた無防備な状態のまま流れ下らなければならないからだ。鱒は浮上して口を開けるだけでごちそうが食べられるこの瞬間を虎視眈々と狙っている。そして、その浮上する鱒を狙っているのがフライフィッシャーである。亜成虫は1日から2日で成虫へと脱皮する。メイフライの成虫をフライフィッシングの世界ではスピナーと呼ぶ。スピナーは群飛しながら交尾し、交尾が終わった雌は水中にダイブして産卵し、雄はそのまま息絶える。水面に落ちたスピナーを鱒が食べる。—KD

143 ペアの相性

近年、多くのフライフィッシャーにとって、同時にふたつのフライを使うタンデムリグ（トレーラーリグ）は標準的になったが、それはフライをふたつにすれば釣果が2倍になるからではなく、上下のフライのコンビネーションによって鱒を誘う効果が期待できるからだ。

最も典型的なタンデムリグにドライ&ドロッパーがある。これは水面にドライフライを浮かべ、その45センチ下にニンフもしくはイマージャーを吊り下げる方式だ。ドライフライは十分な浮力のある大きなもの、ニンフは素早く沈むもの、イマージャーは水面直下を漂うものを使うのが基本だが、その他にも様々な組み合わせが考えられる。例えば特定の同じ虫のドライフライとニンフを組み合わせるとか、ドライフライを誘い役にして、鱒の目を引いたところで本物っぽい地味なニンフを食わせるとか、あるいはドライフライを派手で目立つものにして、あくまでもニンフのインジケーターとして使うとか、コンビネーションは自由自在だ。—KD

144 見えないと食えない

水が濁っていた場合には、フライの選択にふたつの要素を加えてほしい。ひとつは光りもの。

もうひとつは派手な色。濁りの入った川には真っ黄色の川虫などいないはずなのに、魚は気にしない。視界が悪いために補食対象が広がり、目立つものに食い付くのだ。—KD

145 リトリーブ

ストリーマーの釣りでは、ドライフライやニンフフィッシングの基本であるナチュラルドリフトという考え方を捨てなければ良い結果は残せない。ストリーマーの釣りで最も重要なのは動きだ。ここでは、米国内で最もよく知られたストリーマー・フィッシャーであるティム・ロマーノの手法を紹介しよう。

彼は水中でブルブルと振動したり、動きが誇張されるストリーマーを好んで使う。カラー選択に関しては、暗く濁った水域ではダークカラーを、明るく澄んだ水域ではライトカラーを、ニュートラルな状況では、オリーブやブラウンのフライを使うという。リトリーブは鱒が好むテンポを見つけるために、ストリッピング（ラインを引っ張ること）の長さとスピードの組み合わせを変えて試し、最初の鱒をフッキングした時のテンポをその日のスタンダードとして繰り返す。また濁っていたり、暗ければ、リトリーブの速度を遅めに、澄んだ流れではスピードを上げる。ことに鱒が好む摂氏13度から18度の水温範囲内の時は、速めのリトリーブがキーとなることが多い。—KD

146 ポールのように

昆虫の羽化がない日にフライをひとつだけ使って釣りをしろと言われたら、私は迷わずマドラーミノーを使う。なぜならマドラーには複数の個性があり、状況に応じて様々な釣り方ができるからだ。マドラーミノーはその名の通り、小魚をイメージしたストリーマーとして考案された。確かに水面下で引っ張るとスカルピンのように見える。しかし、フロータントを塗って水面に浮かせてデッドドリフトしたり、岸際でアクションを加えればバッタに見える。

このように同じフライでも使い方や、処理によって別な使い方ができる。例えば、アダムスのドライフライのウイングとハックルを切り取れば、釣り場にいながら即席のＲＳ２イマージャーを作ることができるし、黒のウーリーバガーをデッドドリフトさせれば、流れに乗って下流に運ばれるヒル（鱒の好物）になる。『A River Runs Through It』（邦訳では『マクリーンの川』）の主人公はありったけのフライをヴェストのポケットに詰め込んで釣り場に立つが、フライフィッシングの達人である弟、ポールは、ハットの周囲に刺したフライだけで釣りをして、常に主人公であるお兄さんの釣果を上回る。要はフライ全体がそっくりそのまま本物の虫に似ている必要はないということだ。その虫の、あるいは小魚の何を、あるいはどの部位をアピールさせたいかで、フライの代用は利くということなのだ。──ＫＤ

147　アトラクターフライを使う

パートIに書いた、水中から鱒の動きを観察した際、友人にタンデムリグを試してもらった。タンデムリグの有効性をこの目で確かめたかったからだ。リードフライはサイズ#12のスティミュレーター、その45センチ下にはサイズ#18のブルーウィングド・オリーブという、ダブルドライの仕掛けだ。

水面下から魚を観察していると、鱒が大きなリードフライをチェックするために近づき、結果的にサイズ#18のフライを食べていることが分かった。つまり、小さなドライフライをふたつ付けて釣ってみても、彼らを引き付けることはできないということだ。これはニンフでも同じことで、特に流れの速い場所や水が濁っている場所ではそれなりの組み合わせが必要となる。リードフライにホットピンクのサンワン・ワームや、サイズ#14のフラッシュバック・フェザント・テールのように目立つもの、トレーラーフライは小さめのサイズ#18のバー・イマージャーあたりがいいだろう。魚は大きなフライに目を留めて、そのままリードフライを補食することもままあるが、たいていは小さいフライの方を食べる。しかし目立つリードフライがなければ、小さいフライに気付かないものなのだ。―KD

148 スポッターフライを使う

釣っているフライが小さ過ぎたり、暗過ぎたりして遠目に見えない時に、ライズやテイク（フライを吸い込む）を発見できるように、大きめのフライを使うことは極めて有効な手段だ。

アイダホのシルバー・クリークを釣っていた時のことだ。鱒がビートルを食べていることが分かったので、サイズ#14の黒いフォームビートルを結んで釣っていた。問題は風で水面が波打っていることで、キャストが6メートルを超えるとフライが見えなくなってしまう。何とかしたいと思い、サイズ#10のタークス・タランチュラを結び、その下にビートルを付けてみた。

タランチュラの近くで水しぶきが上がったらビートルにライズしたと仮定してフックセットすると、ロッドに重みが伝わってきた。しかも5匹に1匹はタランチュラを食べていた。

つまり、スポッターフライ（サーチフライ、もしくはパイロットフライとも言う。ポイントに探りを入れるためのフライ）をストライクインジケーターとして使うのだ。虫の形をしているので魚を怯えさせることも少なく、都合がいいことには、そのフライに食い付いてくれることさえあるのだ。そんな事情で私自身は可能な限り、フォームやヤーンよりもフライをストライクインジケーターとして使うことにしている。—KD

149　水面下スポッターの活用

透明度が高い川では、必ずしもリードフライにドライフライを使う必要はない。コロラド州のフライパン・リバーで、当地のガイドのキア・ハウスが白いサンワンワームをリードフライとして使っているのを見たことがあるが、水中のワンワンワームがはっきりと視認でき、当たりは明確に分かった。ドライフライとニンフのコンビネーションよりもニンフをふたつ使った方が確率が高いと判断したら、リードフライに大きく派手なニンフを使うことで効果を上げることができる。――ＫＤ

150　エサづり

モンタナのビッグホーン・リバーでガイドのダン・スタインと一緒に釣りをしていると、川面に小さな虫の群れが広がり始めた。ミッジのハッチ、しかもかなり濃密な。間を置かずに水面にライズの輪が広がり始めた。ゆっくりと鼻を水面に突き出すような刺激的なライズだ。ビッグホーンの鱒である、大きさについては改めて言うまでもない。

私はフライボックスに手を伸ばし、サイズ#24の黒いミッジパターンをつまみ上げたが、ダン

は、

「それじゃダメだよ。見えない」

と言った。

水面はフラットで、光量も十分だったから、私の目にサイズ#24のフライは見えると思った。

「見えると思うよ」

「いや、魚に見えないんだ」

ダンはミッジの代わりに彼のフライボックスからブルーダンのサイズ#14を取り出した。いったい何を考えているのだろうと思い、「えー？」とややネガティブ気味に首を捻った私の気持ちを察したのか、ダンは、

「いいからダマされたと思って、ライズしたところではなく、その2メートル上手にキャストしてみて」と言った。

私の投げたフライはダンの指示より、さらに少しだけ上流に着水した。

「いいよ、それでいい」

ダンは自信満々にそう言った。

下流に流れ始めた#16のフライに本物のミッジがまとわり付き始めて、サイズはたちまち#12、#10へと膨れ上がっていった。魚のフィーディングゾーンに入っていった時には、フライは虫のミートボールになっていた。大きなブラウントラウトの鼻先が見えて、直後にミートボー

ルを吸い込んだ。私は信じられない思いでフックセットした。

ダンは笑って、「ここの鱒はキッズメニューじゃダメなんだ、ビッグマックじゃないと食わない」と言った。それ以降、ミッジの大量ハッチの際にはミッジのクラスターフライか、サイズ#16のブルーダンを使うことにしている。—KD

151 パープル・ヘイズ

『パープル・ヘイズ』は20世紀に作られたジミー・ヘンドリクスの不朽の名曲であり、アンディー・カールソンによって作られた不朽のフライパターンである。カールソンが、サイケデリック・ドラッグ・ソングとして知られるジミヘンの名曲にインスピレーションを得たかどうかは定かではないが、フライが紫色をしていて、鱒に対する効果が麻薬的であることだけは確かだ。そう言えばプリンスにも『パープル・レイン』というヒット曲があったし、ディープ・パープルというロックグループもあった。どうもパープルという色の怪しさはロックと相性がいいらしい。しかしながらフライフィッシングの長い歴史の中で、紫色のドライフライが脚光を浴びたことはそれまでに一度もなかった。

パープル・ヘイズは、初めモンタナのシークレットフライとして地元フライフィッシャー間の噂として広がり、今では米国全土のフライショップのフライケースに広がっている。私のフライボックスも同様で、いつからかトラディショナルパターンのパープル・バリエーション・フライが占有するスペースが増えてきた。パープル・プリンスニンフ、パープル・サンワンワーム、パープル・ウーリーバガー、パープル・パラシュートアダムス。

そして、今やパープル・プリンスニンフはフィッシングガイドのチップ回収係となって、彼らの生活を支えている。オフショアのマグロ釣りではパープルが有効であることは以前から知られていたし、アラスカのサーモンガイドはパープルのビーズやマラブーを好むし、バスプロはパープルカラーのソフトプラスチックワームを使ってきた。魚が紫に反応するはっきりした理由は分かっていないが、紫が他の色に比べて魚の目を引きやすいことは確からしい。『Trout and Salmon in North America』の著者であるロバート・ベンケン博士によると、「トラウトの目の網膜にある錐体はスペクトルの青側の色をより多く受け入れる」ということだ。しかし、同時に「鱒は時期によって異なる摂食パターンを示し、時期ごとの補食物を真似ることが必要となる」と注意を促している。このことを釣り人の言葉で簡単に言ってしまうと「ハッチマッチ」が重要ということになる。すなわちパープルというカラーは、ハッチのないシーンでのアトラクターフライの色合いとしてこそふさわしいと言える。—KD

152 プリンスニンフの謎

川に生息し、鱒が捕食している虫をイミテートしたものがフライで、だからフライフィッシャーは昔からそっくりさんフライを巻いてきた。ところが、プリンス・ニンフのような不思議なケースがある。モンタナのガイド、ラスティ・ヴォラスは、プリンス・ニンフの不思議を次のように表現する。

「どんなに川を歩き回っても、石を１０００個ひっくり返しても、プリンスニンフにそっくりな虫なんてどこにもいない」

しかしプリンスニンフは、ニンフの王様としてフライフィッシング界に君臨し続けている。では鱒にとってプリンスニンフの魅力は何なのか？　ある人はピーコック・ボディが虫っぽいと言う。角度によって様々な昆虫に見える都合のいい形状であるという意見もある。また、水中での動きがいいという人もいる。しかしなぜこれほどまで鱒に愛されているのか、私には分からないし、誰にも分からない。それでも私はニンフフィッシングをする時、特にフリーストーンリバーでタンデムリグを使うほとんどの場合で、プリンスニンフをリーダーフライにしている。科学的であるべきフライフィッシャーでありながら、私は理由が分からないのにプリンスニンフを愛用

し続ける。—KD

153 ビーズヘッドの功罪

ビーズヘッドニンフは、今やビーズなしのニンフを圧倒していると言っていい。理由ははっきりしている。ビーズの重さでフライをストライクゾーンに沈められるだけでなく、泳ぐ虫や羽化する虫が身体に纏っている気泡を再現しているために、鱒の目を引きやすいのだ。ドライ&ドロッパー・リグの場合、ビーズヘッドニンフは最適なドロッパーの選択肢となる。

しかし、すべての状況下でビーズヘッドが理想かというと、そんなことはない。速い流れの中、特にフラットな場所ではビーズヘッドは有効だが、流れが緩やかな場合、特に平らな池や湖では、ビーズが早く沈み過ぎて、底にフライフックが引っ掛かってしまうことがある。そんな場合はクラシックなビーズなしニンフとスプリットショットの出番である。流れが毎秒30センチよりも遅くなったら、ビーズのことは忘れよう。—CM

154 カッパー・ジョン誕生秘話

ジョン・バーはカッパー・ジョン・パターンの考案者である。この著名なフライパターンがどうやって誕生したかを、数年前に本人に直接聞く機会があった。

その日ジョンはホッパーをリードフライに、ドロッパーに彼の考案パターンであるバー・イマージャーを使っていたが、思うようにバー・イマージャーが落としたい層に流れていかなかった。自宅に戻ったジョンは、確実にニンフを沈ませるために銅線でボディを作り、ビーズのヘッドを付けた。必要かどうかは分からなかったが、ウイングケースやテールなど外側にアクセントを入れた。つまり、本人としては沈んでくれればそれでいいというイメージで作ったのだった。

驚いたことに、ジョンがその次の釣行でその新しいフライを使うと、鱒はあっけなく釣れてきた。そしてその数年後に、このフライはアンプカ社（Umpqua）が取り扱う売上ナンバーワンのフライパターンとなった。今ではオリジナルだけではなく、様々なカラーバリエーションが何十種類も存在している。

この話の教訓は、この本で再三繰り返してきたように、またまた（さすがに聞き飽きただろうが）ニンフフィッシングにおいては確実にフライを沈めることが最重要であることを示唆している。鱒の捕食ゾーンに流すためのニンフは、本物に見えるドライフライを浮かせることと同じくらい、あるいはそれ以上に重要なのである。――ＫＤ

155　大は小を兼ねない

フライを選ぶ際、考慮すべき要素の中でサイズは最も重要だ。ことに、鱒が特定の虫の羽化にこだわってセレクティブになっている時には、サイズに慎重になり過ぎることはない。トラウトが食べている虫を特定できたと思っても、トラウトがそれを拒否している場合は、少なくともフライをワンサイズ小さくしてみる必要がある。ニンフィングでも同じことが言える。食べているはずの虫を模したニンフを魚が拒否している場合はサイズダウンしてみよう。魚が特定の虫を食べていない時には、大きなアトラクターを使うのも悪くない。ただし、アングリング・プレッシャーが高まっている今、なかなかそういった状況を見つけるのは難しいのも事実だ。釣り人のプレッシャーが強くかかっている釣り場の鱒たちは、大きなフライに危険を感じているのだ。—CM

156　メイフライのライズ形態

ライズの形態で、鱒がどんな虫のどんな状態を補食しているのか、おおよそが分かる。ゆっくりと鼻を水面に突き出すライズは、一般的に水面で動きを止めているメイフライを補食していることを意味する。頭と尾びれを見せるライズはポーポイジング・ライズと呼ばれ、水面直下にサスペンドしているメイフライのイマージャーを捕食している時特有の形態で、背中だけを見せるイルカのようなバルジライズも水面直下のイマージャーを食べている。勢い余って空中に飛び出してくるライズは、水底から上昇してきたカディスを追っている。興奮したように水飛沫を上げて水面を滑る虫を追いかけている場合はほぼカディスのアダルトだが、虫が目に見えなかったらミッジの可能性が高い。大型のストーンフライは水面に浮いた戦艦のように見えるから、見ていれば分かる。鱒は大きな口をあんぐりと開けて豪快に飲み込む。—CM

157 内視鏡検査の必要

経験豊富なフライフィッシャーであっても、何種類もの虫が水面を流れている場合は時として途方に暮れる。特に水面に特定の虫が大量に流れていたり、空中にたくさん飛んでいると、先入観でその虫にこだわってしまうことが多いのだ。ドライフライ、イマージャー、ニンフと手を換え品を換え、アップストリームで狙い、ダウンストリームで狙い、ドラッグフリーで流し、水面でちょこちょこと動かしたり、考えつくありとある手段を駆使しても無視される。

そんな時には、ストマックポンプで魚の胃の中身を調べてみるのが手っ取り早い。そのためには、まずは1匹釣らなくてはならない。—CM

158　インセクトネット

胃の内容物を確認するための最初の魚が釣れなかったとしたら？　まさしく問題はそこにあるのだ。実際1匹目が釣れれば2匹目も釣れるもので、1匹目が釣れないから困るのだ。確かに前項のアドバイスは不親切だったかもしれない。そんな状況のために、インセクトネットの自作を薦める。ホームセンターで網戸用の網を買ってきて（高さ20センチ、幅30センチ程度で十分だ）。左右両端に高さと同じ程度の長さの棒を取り付けて巻物を作り（上下端の網がほつれないように布テープで縁取りを施せれば完璧）、ヴェストの背中のポケットに忍ばせておく。フライの選択に迷いが出た時には、迷わずネットを広げて流れ下る虫を捕獲するのだ。流れに目を近づけた時には見えなかった虫が、ネットを這い上がってくるはずだ。―ＣＭ

159　嵐の中の静けさを

ハッチを釣っている時は、フライ交換のタイミングが重要だ。それまで釣れていたフライが、ある瞬間を境に、ふいに釣れなくなることがある。そういったケースでは、鱒の興味が別の虫に移ったと考えるべきだ。永遠に羽化し続ける虫はいないのだから。水面に目を凝らし、分からなければインセクトネットを広げよう。簡単に聞こえるかもしれないが、ライズの嵐の中でロッドを脇に抱え、心を落ち着かせてこの作業を行うのは案外難しいものだ。ハッチに終わりがあることを知っているだけに、どうしても焦ってしまう。しかし、手当たり次第にフライを交換しても当たりの確率は低い。見ることは信じることだ。あるいは1種類の虫しか羽化していない場合であれば、補食ステージが変わった可能性もある。羽化が始まった時間帯にはドライフライに反応していた鱒の興味が水中に移ることもままある。いずれにしても、鱒が積極的に虫を捕食している時間帯は、釣り人にとっての最大のチャンスであることは間違いなく、常にアンテナを張り巡らせ、鱒と一緒に変化する準備をしておこう。―CM

160 時は魚なり

トーナメントフィッシャーは時間の大切さを知っている。バスプロは何本ものロッドに様々なルアーを装填し、当たりルアーが分かるまで次から次へとロッドを持ち換える。1分1秒がメシのタネなのだ。

フライフィッシャーにとっての最大のムダは、リーダートラブルによる余分な時間と労力である。ライズの真っ最中にリーダーやティペットがフライに絡まると、世界全体を呪いたくなる。特に複数のフライを同時に使うタンデムリグでは、キャスト時のトラブルが発生しやすい。トラブルは貴重な時間を、そしてフロートフィッシングであれば、同時に数百メートルもの貴重な水域をムダにする。

タンデムリグを使って釣りをする場合には、あらかじめ複数のフライリグを用意しておくといい。糸とフライが絡まってしまったら、あっさり諦めて、リーダーごと別のリグに交換するのだ。時間の節約もさることながら、精神衛生上極めて有効なバックアッププランである。—ＣＭ

161　脚で誘う

神様はゴム足の昆虫を作ったことはないが、フライメーカーはゴム足（ラバーレッグ）の昆虫を作り、鱒は好んでそれを食べる。フライは本物の虫に似ていれば釣れるとは限らないのだ。精密に虫をコピーしたフライに食い付くのはどちらかというと鱒ではなく、展示会でタイイングデモを見た釣り人である。細部が似ていて悪いことはない。流れが緩く水面がフラットな釣り場では鱒の目はシビアになりがちだ。ヘンリーズフォークのニジマスはフライのテールを数えているという伝説があるが、本当に重要なのはフライが水と絡んだ時のシルエットや色、雰囲気や虫っぽさなのである。

仮にあなたが朝オフィスに出社した時、自分の机の上にゴキブリの模型が置かれていたとする。あなたは誰のイタズラかと周りを見回すだろう。しかしもしそのゴキブリが動いていたら、あなたは模型と思わずに悲鳴を上げるか、あるいは手に持っていた朝刊を振り下ろすのではないか？動きはすなわち生物の証である。フライで小さな虫の動きを表現するのは簡単ではないが、大きめのカディスパターンやホッパーほどの大きさになれば、ラバーレッグは最高の素材となる。目の前に毛糸をぶら下げられた家猫のように、鱒はラバーレッグの魅惑的な生脚に抵抗できないのだ。―CM

162　早起きは三文の得

ロッキー山脈周辺の標高が2000メートルを超す釣り場などを除けば、早朝は夕暮れと並んで、最も魚を釣りやすい時間帯だ。東の空がうっすらと白み始める頃に準備を始めて、周囲が明るくなった時には川辺に立っていたい。鱒はすでに朝食のテーブルに着いている。光量が少ないのと、先行者によって場荒れしていない状況が、鱒の警戒心を緩めている。―CM

163　1に観察、2に観察、3、4がなくて、5に双眼鏡

ほとんどの鳥には、猛禽類や人間を含む哺乳類の脅威から身を守るための安全距離というものがある。鳥の種類や生息場所、季節、天候などの条件などによって変化するが、ある一定の距離

以上近づくと飛んで逃げる。だから、バードウォチャーには双眼鏡が必要になるわけだが、同じくある程度以上魚に近づけないフライフィッシャーも、双眼鏡を積極的に利用するべきだ。ことに大きな川でライズリングなどの鱒のアクションを確認するには有効だ。何度も繰り返すが、ともかくフライフィッシングにとっては、釣る前の観察が重要なのである。—CM

164 ミニマリスト

私の友人には、フォークリフトで川まで運ばなくてはならないほどのフライボックスを持ち歩かないと安心できない人物がいる。気持ちは分からないでもない。昔から、フライボックスはフィッシング・ヴェストのポケットの数だけ増えることになっている。

フライの選択に関して言うと、いくつかの例外的な状況を除けば、多くの場合、必ずしも厳密にフライの種類にこだわる必要はない。異なるシチュエーションに対応できるよう、ベースになるフライを数種類そろえておけば釣りになる。

どの基本パターンを選ぶかは季節と釣り場によって変わるだろうが、以下を参考にしてほしい。

・アダムス：トラディショナルなこのパターンで、ダークカラーのメイフライの大半がカバーできる。

・ペールモーニングダン：薄い色のカゲロウ用。

・エルクヘア・カディス：カディス全般用。
・ヘアーズ・イヤー：水面下用の汎用フライとして、ゴールドリブの入ったこのニンフ。
・フェザントテイル：小さなメイフライ、カディス・ラーバ、イマージャー、ストーンフライ全般用。
この５パターンにアトラクターパターンを数種類付け加えれば、ミニマリストボックスの完成だ。──ＣＭ

165　オペラ座の怪人

特定の虫がスーパーハッチしているからといって、鱒がその虫を補食しているとは限らない。メジャーな羽化に紛れて別な特定の虫が（往々にして小型の虫の場合が多い）、何らかの理由（フィッシングプレッシャーなど）で魚の補食対象となっているこの状況はマスキングハッチと呼ばれ、ベテランフライフィッシャーにとってさえ解読困難なパズルのひとつである。

まずは冷静にライズの形態を確認しよう。カディスやミッジの場合は派手に、メイフライの場合はややおとなしめになることが多い。時間をかけて観察して、どの段階のどの虫が最も鱒から注目されているかを見極めることが先決だ。このケースはイブニングライズの際に起こる可能性がとても高く、光量が少ないため、釣り人には鱒が何を食べているか視認することが困難だ。暗くなるに従って釣り人には焦りも出てくる。とても難しいことではあるが、ここもライズの嵐の中でじっと水面を見つめ、積極的にインセクトネットを使おう。フライ交換の時間と回数を最小限にしない限り、暮れゆく空の下のあなたに勝機はない。—CM

166 雨後のアント

大雨後の増水時は、大水で洗われた岸にいたミミズやアリなど、普段土の中を棲み家としている生物が水流に巻き込まれるため、鱒の嗜好が普段とは違うことも多い。いずれにしても、陸生の生物を意識した方がいい。また鱒の警戒レベルが低く、かつ流れが速いために選り好みしている時間がない。そのため、フライの選択を派手な方、大きい方へシフトして目立たせるのが常道だ。水が濁っていることも多いので、ストリーマーや大型のストーンフライ、あるいはラバーレッグパターンのようなアトラクターも試してみよう。—CM

167 故きを温ねて新しきを知る

伝統的なウェットフライは多くの昆虫の羽化を模したもので、中層にいるアグレッシブなトラウトを誘うための効果的なテクニックのひとつだ。ソフトハックルを使うクラシカルな釣り方から少々逸脱するが、リードフライ&ドロッパー・システムにウエイトを追加すると、さらに虫の羽化を演出しやすくなる。ソフトハックル・パターンをダウン・クロスでキャストすると、いったん沈んだフライが浮上してくる。ドリフトの最後に、フライを流れの中に少しだけホールドすると水面が波立ち、鱒が我慢できずに飛び出してくることが多い。

イマージャーを模したソフトハックルをドロッパーにして、底から浮き上がったニンフを模したビーズヘッドニンフをリードフライにすると、さらに演出が細かくなる。—CM

168 ナチュラルにはもう飽きた

上流の瀬尻にライズを見つけたあなたはすぐにキャストしかけたが、ふいにこの本のアドバイスを思い出す。おっと、すぐにキャストしてはダメだと書いてあった。よし、1分間だけ観察してみよう。あなたがライズした水面を眺めていると、タイミング良くクリーム色のメイフライのダンが流れてきた。よし、そこだ、食え！ あなたの声が聞こえたのかどうか、鱒はややせわしなく浮上してそのメイフライを呑み込んだ。よっしゃ、クリームのスパークルダンでいただきだ！アダムス・パラシュートからスパークル・ダンにフライを交換したあなたは、音を立てないように静かにライズに近づき、慎重にキャストする。我ながら惚れ惚れするほど完璧なキャスト。ライズ地点をフライが通過する。おや？ フライが流れた水面が揺れたような気がする。しかし魚は出ない。おかしい、フライは完璧にマッチしているはずだ。あなたはすかさず同じフライをキャストし、そこから迷路に迷い込む。

スパークル・ダンからソラックスへ、ソラックスからフローティング・ニンフへ、フローティング・ニンフからイマージャーへ、それでもダメだ、じゃあ、定石通りサイズを落としてみよう。しかしサイズを落としても鱒は出てこない。なんでだよ、ちゃんと本物には出てたじゃないか。初めは戸惑い、次に悔しさ、そして落胆、やがてやってくるのは怒りかもしれない。プロゴルファーがクラブをへし折るように、テニスプレーヤーがラケットを破壊するように、あなたもバンブーロッドを岩に叩き付けてもいい。薦めはしないが、それで気が済むならまあ仕方ない。まさか良識を持つジェントルマンのあなたが責任を私になすり付けてくるはずはないと信じたいが、あるいは心の中でこう言っているのかもしれない。

「あの本、インチキじゃねえか！」

釣り人はいつでも言い訳を必要としている。私を責めて気が済むならそれでもいい。でも、実はあなたにはまだやっていないことがあるのだ。

鱒がライズした本物のメイフライを頭の外に追い出し、ダマされたと思って、大きなアトラクターフライに替えてもう一度キャストしてほしい。ロイヤルコーチマンとかロイヤルハンピーなど、フライボックスに入ってはいても、あまり出番がないドライフライがあるはずだ。あるいはストリーマーでも、大きなニンフでも構わない。鱒が無視できない大きさであることが重要なのだ。

日頃からフィッシング・プレッシャーが強く掛かっている川の鱒は、フライフィッシャーが投げる定番フライに辟易している。またアダムスかよ、とか、またエルクヘアかよ、と。だから見慣れないフライで鱒の意表を突くのだ。

ホラ、出た！　―CM

169　最後の最後に

「やっぱりダマされた！」

アトラクターフライも不発だったあなたは、きっと私を糾弾するだろう。だがそのライズを諦める前に、最終手段としてフライに動きを与えただろうか？　確かそう言ったはずだが、もしかするとあなたが聞き漏らしたかもしれないから、念のためにもう一度言っておこう。上流側に移動して、ダウンストリームでライズのあった地点でアトラクターを逆引きしてみてほしい。

ホラ、出た！　―CM

170　生きているフライ

モンタナ州のバンブーロッドデザイナー、ウェイン・マカが考案した大型のフローティング・

フライ（ドライフライと呼ぶのがふさわしいとは思わない）の最大の特徴は、クローズドセル・フォームのボディを備えていることだ。この構造で最大限の浮力が得られる。しかし、これ自体は別段驚くようなことではない。次にマカは、このフォームにラバーレッグを取り付けたが、これも特別なことではない。さらに、マカはウイングとテールにマラブーを選んだ。これはサーフェス・フライとしては奇妙というか、珍妙とさえ呼びたい組み合わせだ。

その結果、まるで生き物のように動く、蠱惑的なフローターが完成したのだった。このフライはフライフィッシャーの常識を覆す、クリエイティブな発明だ。タイトカーブの岸際や流れ出しでロッドティップを細かく動かすと、不思議な生き物が蠢いているように見える。

マカはこの作品を「シリアルキラー（連続殺人鬼）」と名付けた。何を模したのかと問うと、迷わず「エサだよ」と答えた。特定な生物ではなく鱒の「エサ」をイメージしたこのフライはクリエイティビティの極みだ。羽化している水生昆虫を模したフライをデッドドリフトするのはフライフィッシングの王道である。しかしながら、エサで誘って食わせるのもまたフライフィッシングなのである。—CM

171　エルクヘア・カディスを使わない

メイフライに比べると、カディスが水面にとどまっている時間は極端に短い。全米のほとんどの川や湖に生息するこの昆虫は、素早く羽化して、水面を一気に割って空中へ飛び出してくる。鱒に補食されているのは水底のニンフ、羽化直前のラーバ、そして、水底から水面に向かうイマージャーだ。水面に水しぶきを上げたり、空中に飛び出してライズする鱒は、急速浮上するイマージャーを追っている。実際にはアダルトフライが補食されているわけではないのに、かなりのフライフィッシャーがこの状況でカディスのアダルトパターンを使いたがる。うまく逃げ切って空を飛ぶカディスを見ると、鱒がライズしていたのがアダルトであるかのように錯覚してしまうのだ。

派手なライズで鱒がカディスを補食している際には、エルクヘアカディスなどのアダルトパターンではなくイマージャーを使うべきだ。上流側に立ってイマージャーを沈めてダウンで流し、水面に浮上させる演出をしてほしい。この状況でドライフライをナチュラルで流したり、あるいは水面で動かしてもまったく意味がない。そんなカディスはどこにもいないのだ。カディスの羽化をドライフライで釣ろうとすることが、理にかなっていないことを理解してほしい。エルクヘア・カディスに代表されるアダルトフライは、ハッチの最中ではなく、羽化のない時間帯に使うべきフライなのである。—CM

172
コタツみかん

魚は冷血動物なので、新陳代謝は温度と密接に関係している。水温が極端に低下すると食べる量が減り、反応が鈍くなる。そういった魚を釣るにはどうすればいいかを紹介したい。

1　ドライフライは使わない。ミッジなら反応してくれるかもしれないという淡い希望を捨てること。ライズしていない限り勝機はない。何しろ魚は動きたくないのだ。コタツでみかんを食べている魚の目の前にフライを運んであげないとならない。

2　フライの流下速度を遅くする。ウエイトを追加したり、ラインを操作するなどして、デッドドリフトではなく、あえて遅くする。

3　鱒が少しでも早くフライを見つけられるように、より目に付きやすいフライを選ぶ。しかし大き過ぎてはいけない。

以上三つの要素をすべて備えているのがビーズヘッドニンフである。手がかじかんでフライが結びにくい時は、ビーズヘッドの出番だと覚えておこう。―CM

173 不人気な虫

水生昆虫の中で最も一般的でありながら、しかしフライフィッシャーからはなぜか冷遇されている生き物がいる。イトトンボである。

のんびりと岸際の水面近くで羽ばたいているイトトンボに、鱒が飛び付く姿を目にしたことはないだろうか。あるいは、絶命して水面に張り付いたイトトンボにライズしている鱒とか。しかし、最も重要なのはイマージャーである。湖のシャローで何かを追っている鱒を見つけたら、補食対象がイトトンボのイマージャーである可能性がある。

イトトンボは一生のほとんどを、静水または緩い流れの中に茂っている水草の周囲でニンフとして過ごす。一般的には5月から6月初旬にかけて、成熟した個体は羽化のために岸に向かって泳ぐ。尾部にある鞭毛をせわしなげに動かして素早く泳ぎ、岸辺に近づくと、水面上に突き出ている草や岩にしがみついて水面上まで這い上がり、すぐに外骨格を脱ぎ捨てて成虫になって飛んでいくのだ。

釣り人にとって重要なのは、この岸辺への移動である。鱒はイトトンボの羽化を察知すると浅瀬に集まり、岸へ向かって泳いでいる個体を補食するのだ。色は、オリーブとブラウンの2種類。フライボックスには必ずいくつか入れておこう。——CM

174　水中での色

色の見え方は、水中に入ってくる光量に影響される。光が少なくなるほどに、見えなくなる色は増えていく。波長の短い青や緑はゆっくり吸収され、赤は早く吸収される。水中のフライを魚に見てもらうためには、水深のある場所や水が濁っている場所では青や緑を選び、浅場では赤を選ぶのが基本であると言われている。ただし水深が2、3メートルであれば、さして見え方に変化はない。—CM

175　紅一点

数年前、著名な作家でありアングラーでもあるロバート・H・ボイルは、大きな水槽にラージマウスバスを入れ、繰り返しミノーを投入する実験を行った。半分は普通のシルバーミノー、もう半分は赤に染めたミノーだった。テストを繰り返すうちに、バスは赤い方のミノーを好むようになったという。

サケ科魚類で同様のテストをした話は聞かないが、実績のあるフライパターンの多くが赤を含んでいるのは偶然ではないかもしれない。赤は小魚が警戒してエラを張っている時に見える色で、

鱒の反応を誘うきっかけになっているという釣り人もいる。―CM

176　現場対応

今、まさにあなたの目の前で鱒がブラウンボディのカゲロウのダンを吸い込んだ。「よっしゃー!」。勢い込んだあなたはフライボックスを開けて、ブラウンのソラックスを探すが見つからない。よくよく考えると、前回の釣行で最後のひとつを枝に引っ掛けて、そのまま補充するのを忘れていた。「クソー!」とあなたは品のない言葉を発し、もちろん他のフライをキャストとするが鱒は反応せず、ライズはぱったり止まってしまう。鱒の大きさによっては悔しさの余り、あろうことかポイントに石を投げ込んで、「オマエのかあさんでべそ!」と捨て台詞を残すかもしれない。

そんな経験のあるあなたには、油性マーカーの携行を薦める。薄い色のフライをベースフライとして巻いておき、現場で必要なカラーを塗ればいい。ブラック、ブラウン、グレー、オリーブの4色あれば、大概の状況に対応できる。これであなたもジェントルマンの仲間入りだ。―KD

177 アリとビートル

世界のフライフィッシャー1万人を対象にアンケートを実施して「あなたが一番好きな虫は何ですか？」と聞いたなら、メイフライがぶっちぎりで最多得票を得るのではないだろうか。水面に浮かぶメイフライへのライズは、フライフィッシングのアイコンなのだ。恐らくその後にカディス、ストーンと続き、アリやビートルといったテレストリアルは下位に甘んじる可能性が高い。では、世界の鱒1万匹を相手に同様のアンケートを実施してみたらどんな結果になるだろう？アンケート方法については後で考えることにして、取り急ぎオッズを予想してみるが、たぶん順位は釣り人と逆転して、テレストリアルの人気が一番になる。セミやバッタ、ビートルやアントの栄養価の高さは水生昆虫の比ではなく、鱒たちはできることなら大型のテレストリアルだけを食べて生きていきたいと願ってさえいるかもしれない。

フライフィッシャーに今ひとつテレストリアルの人気が出ないのは、恐らく目立たないからである。そもそも黒っぽくて見えにくいのに加えて、水流に巻き込まれたアリやビートルは水面から水底までのあらゆる深度に散らばって流れ下るため、いつどこで何が補食されているか判然としない。唯一視認できるのが表層を流れているテレストリアルへのライズだが、ほとんどの虫が溺れているか、あるいはすでに死んでいるため、鱒は補食を急ぐ必要がなく、かつぽっかり水面に浮いていることが少ないため、ライズは小さく静かで目立たない。さらには羽蟻などを除いて羽化に伴う流下ではないため、まとまって流れてくることが少なく、鱒のライズは散発的だ。

しかし、鱒はテレストリアルが好きなのだ。セミやバッタやトンボもいいが、春から秋までコンスタントに流れ続けるアリとビートルは、食べ慣れているために魚が不自然さを感じにくい。この際自分の好みは考慮せず、相手に合わせてみたらどうだろうか？

ドライフライであれば、目立つ色のポストが背中側に付いているフライを使うか、あるいはリードフライに大きめのアトラクターフライ（例えばホッパー）を結び、下にアントやビートルパターンを結ぶタンデムシステムを使うといい。—KD

178　過ぎたるは及ばざるがごとし

フロータントの塗り過ぎには気を付けよう。ことにジェルタイプのものは、ベタついたハックル同士がくっついて束になってしまわないよう、しっかりと指先の熱で溶かして使用してほしい。キャストを繰り返すうちに浮力が落ちてきたフライは、まずはパウダータイプのフロータントを使って乾かし、再びジェルを塗る。濡れているフライにリキッド、もしくはジェル状のフロータントを塗布しても、効果は長続きしない。—KD

179 バーブレスかバーブ付きか、それが問題だ

フライフックをバーブレスにするか、バーブ付きにするか迷っている人がいるなら、以下が私のアドバイスだ。

1 もしあなたがビギナーの域を出ない釣り人であるなら、答えは決まっている。バーブレスを使おう。なぜかというと、あなたは多くの魚を釣った経験がないため、リリースに慣れていない。バーブ付きフックを呑み込んでしまった魚を傷付けずにフライを外すのは、ビギナーのあなたにとっては簡単なことではない。また、せっかくかけた魚をバラしてしまうのは、あなたがキャスティングからランディングまでに必要な一連の技術を身に着けていないだけの話で、バーブのありなしの問題ではない。

2 もしあなたが、一緒に釣っている友人よりも1匹でもいいから多く釣りたいのであれば、答えは決まっている。バーブレスを使おう。リリースしやすいから手返しがいいのだ。釣果は釣っている時間に比例する。ついでに言っておくと、フライフィッシングは競争ではない。友人と一緒にどれだけ楽しめるかが重要なのだ。競争も楽しいが、競争しないともっと楽しい。

3 もしあなたがビギナーではないのに、掛けた魚をバラすことが多くて悩んでいるのであれば、答えは決まっている。バーブレスを使おう。あなたが魚をバラす原因はバーブの有無とはほ

とんど関係ない。大半の釣り人にとって、バラしの最大原因は、魚の食いが浅いか、ヒットした時のラインが弛んでいるかのどちらかなのだ。食いの浅さはフィッシング・プレッシャーなどで魚の警戒心が強くなっているか、あるいはフライが完全にマッチしていないからである。食いが浅い魚は、バーブ付きよりもバーブレスの方がフッキングしやすい。また、ラインスラックによるバラしはバーブレス・フックの弱点であり、バーブ付きフックにすることでキャッチ率は上がるだろう。「そっか、じゃあやっぱ、バーブ付きにしよう」というあなた、ここでよーく考えてほしい。あなたが根本的に改善しなければならないのは、キャスト後のライン・ハンドリングなのだ。見かけ上のキャッチ率は上がっても、あなたのスキルはちっとも上がらないのである。

4　もしあなたが一生に何度もない大魚チャンスを逃したくないなら、答えは決まっている。バーブレス・フックを使おう。一生に何度もないチャンスのために、一生の大半で釣る魚に余分なダメージを与えるのは止めようじゃないか。

五　もしあなたが生物虐待愛好家ではなく、魚を虐めたくはないが釣りが止められないフライ中毒患者であるならば、答えは決まっている。バーブレスを使おう。生物相手のスポーツなのだ、最低限のインパクトを心掛けようじゃないか。

最後にもうひとつ。バーブ付きフックは鱒へのダメージだけでなく、人間へのダメージを与えることも少なくないという事実を付け足しておく。これまでのガイドフィッシングで、いったい何人のクライアントが自分の耳や鼻や首や腕を釣って、船上での簡易手術を余儀なくされたか。

私は医師の免許を持っていないから、ガイド料金に手術費用を上乗せすることもできない。バーブレスは正義であり、鱒のためにも、人間のためにもいいのである。—KD

180　デッドドリフトに休暇を

時にはデッドドリフトを忘れて、ドライフライを意図的に動かすことで鱒の興味を引いてみよう。この手法は、特にカディスやストーンフライ、バッタなど、実際に水面で動く虫を模したフライを釣っている時に有効だ。—KD

181　夏の止水必携フライ

米国西部の湖で夏に釣りをするなら、キャリベイティスのフライを持って行くことを忘れてはならない。静かな水面に大きな鱒のライズが広がっている時には、CDCウイングのパターン、ダックフェザーのソラックス・パターン、ロングテールのノーハックルが有効だ。あるいは、ショアライン近くの水草が伸びている辺りで、ニンフに小さなアクションを与えながらゆっくりと泳がせるという方法も効果的だ。この場合のニンフでは、シェーン・スタルカップのギルド・ニンフ・パターンが必殺フライとなる。—KD

182 クローザーの必要

アイダホのシルバー・クリークの鱒たちは全米でも有数の気難しがり屋である。難しいと挑戦したくなるのが釣り人の性で、そうして集まってきた釣り人のプレッシャーでさらに難しくなるという、高難度スパイラルの川である。だいぶ以前に私がS字型カーブセクションをガイドのデイブ・ファルティングスと一緒に釣った時のことだ。その日、鱒がキャリベイティスのダンを捕食していることは間違いなかった。何しろ、何度も私たちの目の前でポッカリ浮いたダンをガブリとやるのだ。4、5種類のキャリベイティスのドライフライパターンを試してみたが、みなスルーされてしまう。デイブはフライボックスを開け、厳かな口調で「クリップルの出番だな」と言った。クリップルはニンフシャックから脱出できないイマージャーを模したフライパターンである。水面に到達したものの何らかの事情で脱皮がうまくいかず、無防備の状態で最も危険な水面にぶら下がっている個体をイメージしたフライである。ウイングポストとハックルがフックシャンクに対して斜傾して巻かれているため、ボディは水面下にぶら下がる。

キャストしたそのクリップルは、それまでのスルーが嘘だったかのように、1投目からあっさりと大きな鱒の口の中に吸い込まれた。

その経験以来、グリーンドレイク、キャリベイティス、ヘンドリクソン、ブルークイルなど、鱒が特定の虫を食べていることが分かっていながら、キャストしたマッチフライが無視される時は、クリップルで釣ることにしている。このフライのおかげで、私は優秀なクローザーがいる野球チームの監督のように、安心してゲームを進めることができるのだ。—KD

183 必携10フライ

1 ウーリーバガー／湖でも川でも使える、万能かつ優秀なストリーマー。
2 フェザント・テール・ニンフ／様々なシーンでメイフライのニンフとして使用できる汎用ニンフ。
3 プリンス・ニンフ／オールマイティなアトラクター・ニンフ。
4 パラシュート・アダムス／カゲロウ、カディス、ストーン、すべてのアダルトパターンをカバーする汎用フライ。
5 ペールモーニング・ダン／米国の東西を問わず、多くの河川で夏の定番となっている、イエロー、ピンク、クリームのボディを持つメイフライ・パターン。
6 カッパー・ジョン／派手さよりも、重さや沈みやすさが重要な時のアトラクター・ニンフ。
7 エルクヘア・カディス／カディスが多い川での定番ドライフライ。
8 ブラック・フォーム・ビートル／夏のテレストリアルのキラーパターン。

9　バー・イマージャー／ペールモーニング・ダンやブルーウイングドオリーブなどのイマージャー・パターン。

10　マドラーミノー／ストリーマーとグラスホッパーが都合良くひとつになったドライ、ストリーマー兼用パターン。―KD

184　プラス10

1　スティミュレーター／テレストリアルからストーンフライ、グリーンドレイクまで、何でも表現できるアトラクター・ドライフライ。

2　サンワン・ワーム／トラウト界のTボーンステーキだが、フライではないとタブー視するフライフィッシャーもいる。ミミズがエサ釣りを連想させるらしく、どうやらフライフィッシャーのプライドにかかわる問題らしいが、釣り人に貴賤はない。

3　グローバグ／エッグパターンもピュアリストたちから嫌われているフライだが、イクラの効果を過小評価してはいけない。

4　チェルノブイリ・アント／大型のテレストリアルは、時に警戒心の強い鱒を誘い出す力がある。

5　ゼブラ・ミッジ／タングステン・ビーズヘッドを使用した、シンプルで小さな定番ミッジパターン。

6 グラフィック・カディス/カディスを補食している鱒を釣る時には、このパターンが無敵のニンフとなる。

7 ストーンフライ・ニンフ/イエロー、ブラウン、もしくはその2色のコンビネーションのニンフ。

8 ラスティースピナー/ペール・モーニング・ダンのスピナーパターン。

9 トライコ/トライコがハッチする河川や湖は多く、夏の釣りには必須。

10 ハンピー/速い流れの中で浮力が必要な時に使うアトラクター・ドライフライ。—KD

185 キャットフィッシュ?

大きくて賢いブラウントラウトには、リスクの高い日中には決して姿を現さない個体がいる。ところがひと度日が沈むと、積極的に獲物を追い始める。大きな魚体を維持するためには大きな獲物が必要で、しばしば両生類や爬虫類が捕食対象になり、時には哺乳類さえ襲うこともある。夜にそんな大鱒を狙いたければ、ログジャム(倒木が重なった淵)のある深いプールにマウスフライを投げてみることだ。岸に向かってキャストし、短い不規則なストリップとポーズでフライを動かす。魚が食い付くと、水面に機雷が爆発したようなクラッシュが起こる。—KD

パートV
――その他、いろいろなこと

186　恐怖心と釣果は反比例する

何事につけ自信を持つことが成功への近道だ。何かに怯えてビクビクしていたり、不安で気持ちが落ち着きを失っていると、たいがい失敗するものだ。

ベテランの釣り人なら、誰しも川をウェーディングする際にヒヤリとした経験があるはずだ。自信を持ってウェーディングできるかどうかは、何かをどう釣るか以前の問題で、流されるのではないかという不安な気持ちがあると釣りを楽しむことはできない。恐怖心があると必然的に集中力が低下するため、釣果への影響が大きいのだ。

不運にも川底のヌルに脚を滑らせて川の中で転倒し、ずぶ濡れになった釣り人が服を着替えて出直しても、その後良い釣りをすることは稀だ。すでに気持ちが川に負けているのだ。川に負けると魚にも負ける。釣りに恐怖心は禁物なのである。―CM

187 フェルトとラバー

安全なウェーディングのためにはしっかりとした装備が必要だ。ラバーソールでもフェルトソールでも構わないが、経済的に可能であれば2種類のソール・シューズを持っていたい。ラバーソールは林道などを歩きやすいため、歩く距離が長い釣り人に適している。また濡れた斜面を上り下りする際にも、フェルトソールに比べるとはるかに安全だ。しかし川の中を歩くだけならば、やはりフェルトに分がある。釣り場の状況によって履き替えるのが最善だ。

ラバーソールには水中での転倒を避けるために金属製のスタッドを打ち込むことを薦める。特に渇水時の川は浅いと思って油断しがちだが、川藻が底石にべったりとこびり付いているため、平水時や増水時に比べて、かえって滑りやすく、転倒しやすい。—CM

188 時代の変遷

長い間圧倒的なマジョリティだったフェルトソールだが、昨今はラバーソールの勢いに押されている。ウォーリング・ディジーズやディディモなど、魚類に致命的な影響を与える微生物の感染を懸念して、シューズの底にフェルトを使用することへの疑問が呈されているのだ。フェルト繊維の間に入り込んだ外来の微生物や雑菌が、地域をまたいで増殖する温床になっているという判断で、例えばイエローストーン国立公園内で釣りをする場合、フェルトソールは全面禁止となっている。ニュージーランドでは国全体で全面禁止となっている。地元の川用にフェルトを、旅にはラバーを使用するという使い分けが適当かもしれない。―ＫＤ

189　スフィンクスの謎かけ

規模の大きな河川や増水に対応するために、ウェーディング・スタッフはあった方がいい。余計なお世話かもしれないが、年齢的な要素も勘案した方がいいのではないだろうか。オイディプス神話に出てくるスフィンクスの謎かけのように、朝は四つ、昼はふたつ、夕べは三つの脚で歩くのが人間なのだから。相応の年齢になったら川の中で四つん這いにならないよう、あらかじめ三つめの脚を準備しておこう。―ＣＭ

190　岩は泳がない

先日、友人のデニス・スウィフトと春の釣りを楽しんできた。雪解け水で水位が高く、魚が底のニンフを食べているという、春のコロラドの典型的な状況だった。この本の至るところで繰り返してきたように、私たちは魚が定位しているであろう水底近くにニンフを流すため、スプリットショットを大量に使っていた。当然、底を引っ掛けるリスクが高まるが、魚を掛ける確率も高まる。

案の定、デニスは岩を引っ掛けてしまい、ロッドをいろいろな方向に動かしてフライを岩から外そうとしたのだが、ラインは上流に向かって動き始めた。

「釣れてるぞ！」と私は叫んだ。

「いや、岩だよ」とデニス。

「魚だよ！」

「なんで分かるんだい？」

「だって岩は上流に向かって転がらないだろう」

実際にその鱒の無気力さは尋常ではなかった。極めてゆっくりと上流に向かって移動しては止まった。余分なことは一切何もしたくないと表明しているように思えたが、あるいは相手を油断させる戦術だったのかもしれない。ある刹那、その鱒は突然川を横切りながら電撃的に下流に下り、ラインが緩んだ隙にフライを外してどこかへ消えた。あまりの速度とショックで、デニスは声をあげることすらできなかった。

この話の教訓は＃64の『疑わしきは合わせる』に書いた通りだ。もしデニスが岩と思わないで、しっかりフックセットしていたら、結果は変わっていたかもしれない。大きな魚の顎は硬いから、軽く引っかかっただけのフライはすぐに外れてしまうのだ。1回1回大合わせする必要はないが、最低でも敬礼程度の力を入れてフックセットしてほしい。

これ以上デニスをいたぶるのも可哀相だから、本当に岩を引っ掛けてしまった時の対応を記しておきたい。アップストリームで釣っていたら、ロッドを上流に向かって細かく動かす。取れなかったら、上流に向かって強くロールキャストをする。絶対に下流方向に力を加えてはいけない。―KD

191　ひとりになりたければ

フライフィッシングの人気が高まるにつれ、他の釣り人がいないオープンスペースを見つけるのが難しくなってきた。年々フィッシング・プレッシャーが強くなっているように感じられる。どうすれば他の釣り人とバッティングせずに釣りをするか？　最善の方法は至ってシンプルで、足を使うのだ。あえて釣りにくい場所を選んだり、あるいは遠くまで歩くとか。

遠くへ向かう際は、あらかじめ目的地を設定しておいたほうがいい。川沿いに歩くと、どうしても魅力的なポイントを試してみたくなる。その誘惑に負けてはならない。多くの場合、時間を無駄にすることになる。同じ時間を使うなら、更に遠くで使うべきだ。パーキングから遠くに行けば行くほど、フィッシング・プレッシャーは弱まっていくものだ。―CM

192 フライフィッシャーの断捨離

フライフィッシャーの古典的な悩みのひとつにヴェスト問題がある。フライフィッシングは不思議なスポーツで、数あるポケットのどこかに培養された菌が潜んでいるらしく、不思議なことに道具や携行品がヴェストの中で増殖していくのだ。

友人がアレが良いと言えばアレを買い、コレが良いと言えばコレを買う。行き付けのフライショップの主人に「このフライが効くよ」と言われればそのフライを買い、こっそり覗いたライバルショップの女主人に「こっちの方が効くわよ」と囁(ささや)かれればそっちも買う。嘆く必要はない。それがフライフィッシャーというものなのだ。そうは言ってもフィッシングヴェストのポケットは無限ではない。たまには断捨離が必要だ。

釣りのシーズンが終わったら、ヴェストからすべて取り出し、床の上にこの1年で「使ったモノ」と「使わなかったモノ」を分けて並べてみよう。「使わなかったモノ」の方が多くないだろうか？あるいはフライだけで考えると、使ったフライは全体の10分の1以下ではないだろうか？　もしそうだとすれば、あなたは必要量の倍の荷物を担ぎ、10倍のフライをポケットに入れて釣りをしていたことになる。「必要になるか、ならないか」を推測するのではなく「使ったか、使わなかったか」の事実で判断すれば、来シーズン、身軽になったあなたの爆釣は約束されたも同然だ。と

ころで、この間話した例のフライ、オカルト的に効くらしいけど、試してみたかい？ ―CM

193 メッシュシートで快適に

ボート・フィッシングではロープ、ライフジャケット、アンカー、ギアノブ、船外機、ロッドホルダー、魚探などの様々な装備や付帯物にラインが絡まる。ここでは、レフティ・クレイのシンプルなアドバイスを紹介しておこう。適当な大きさ（舟の大きさにもよるが一般的には70センチ四方あれば十分だろう）の薄手のメッシュネットを持ってきて、ラインを落とす場所に敷き詰めておくだけだ。暑い日にはシートの上に置いて坐れば、更に快適かもしれない。―CM

194 いつもきれいに

フライラインに泥、砂、汚れが付着するとロッドガイドへの摩擦抵抗が増し、キャストの際にパワーロスが発生してしまう。汚れたフローティングラインは沈みやすい。細かな砂利や砂がロッドを傷付ける。ラインクリーニングに無頓着な釣り人も多いが、汚れたラインは悪いことだらけだ。メンテナンスによって寿命も大きく変わってくるから、経済的にも影響がある。

ライン・クリーニングは、柔らかい布とシリコン入りのクリーナーを使って定期的に（可能な限り、釣り終わった夜のうちに）行おう。汚れを落とし、コーティングの表面を滑らかな状態に戻すと、たいがいのラインの浮力は回復するし（フローティング・ラインの場合）、こまめなクリーニングはラインの寿命を延ばす。—CM

195　フライとフライト

昨今、テロへの懸念から航空機への搭乗ルールが次々と変更されている。機内持ち込みが可能なものと不可能なものが頻繁に変わっているので注意が必要だ。保安検査では場所によって規制が異なるため、何が起こるか分からない。空港で足止めを食らって釣りや宿泊に必要なものを没収されないよう、遠征釣行の際は事前にしっかり確認しておきたい。また、海外遠征の際には荷物を紛失（もしくは遅延）する危険性があることを認識しておこう。多くの場合、航空会社の手違いによるもので、手元に戻ってくることが多いが、荷物が宿泊先に届くまで釣りができなくなってしまう（2、3日中に届けばラッキーだ）。だからフライやリール、予備のラインなどの必需品は機内持ち込み手荷物に入れておいたほうがいい。可能であれば、ロッドも持ち込みたい。4ピース以上の仕舞寸法が短いものであれば機内に持ち込めることが多い。

自分のフライロッドとリールで釣りたい気持ちは分かるが、ガイドトリップならタックルを持参する必要はない。あるいは、いつもとは違うタックルの使い勝手を試すいい機会と考えた方が

建設的だ。—CM

196　ファイトではない、駆け引きだ

釣り人なら誰しも魚の気持ちを理解したいと思っているはずだ。本当に魚の気持ちが分かったら、釣りを止めたくなってしまうかもしれないが。

私が知る限り、リー・ウルフは恐らく誰よりも鱒に近かった。小さなフライとライトタックルで大物を釣ることで知られていたリーは、「暴れ馬をいなしたり、怒り狂った犬をおとなしくさせることができるのだから、魚にも同じことができる」と信じていた。フッキングした鱒の脳を混乱させることによって、釣り上げるまでの時間を劇的に短縮できると考えていたのだ。その具体的な方法として、サイドプレッシャーのタイミングと強さが重要であると説いた。

掛けた魚を上流側へ引っ張ると、水流と鱒を両方引っ張っていることになる。ロッドに伝わってくる抵抗の多くは魚ではなく水流の力だ。魚が下流に向かう時には、鱒の体重に水流の勢いが加わる。魚が大きければ大きいほど、流速が速ければ速いほどチャンスは少なくなる。いずれの場合も魚を疲れさせるのに時間が掛かると、ティペット、フックのトラブルを誘発させる要因が加速度的に増えていく。釣り人のライン、リール、ロッドのハンドリングにもミスが出がちだ。

しかし、フッキングした魚を流れに対して横に引くことで鱒はバランスを崩す。平均台で1度

バランスを崩した体操選手が冷静さを失い、その後の演技がボロボロになるように、ウルフはタイミングの良い強いサイドプレッシャーによって鱒の焦りを誘い、一気に精神的に追い詰めることが時間短縮の極意だと信じていたのである。

フッキングした鱒とのやり取りを釣り人はファイトと呼んできた。フッキングするまでは頭脳戦だが、掛けてからは力勝負だというように。しかし大物に関して言えば、それはファイトと呼ぶより、はるかに駆け引きに近い。—CM

197　お疲れのところ恐縮ですが

「10％の釣り人が90％の魚を釣る」という格言を聞いたことがあるだろうか？　確かに腕前は釣果を左右する。しかしながらフライフィッシャーの腕前とは、キャスティングやプレゼンテーションのように外側から見えるものだけではない。

フライフィッシングは自然科学に寄り添ったスポーツであり、様々なデータの収集と分析が重要だ。腕のいいフライフィッシャーの多くはフィッシング・ジャーナル（釣行日記）を付けている。天気、気温、水温、虫の動き、釣れた魚、釣れなかった魚、使ったフライ（成功したものも失敗したもの）など、あらゆる事々を日記に記すのだ。

年月が積み重なり、データがたまってくると、ある種のパターンが浮かび上がってくる。5月にX川に行ってはいけないが、6月に行けば良い釣りになる、といったような傾向が分かってくるのだ。特に使用フライのデータは重要だ。以前使って当たったフライは、同じ釣り場の同じ時期なら、ほぼ間違いなくキラーパターンになる。問題は、人が忘れる生き物であるということなのだ。一日の釣りを終えて、疲れていない釣り人はいない。ビールを飲んでいい気分になって、さっさとベッドに横たわりたい気持ちは分かる。しかし、あと五分だけ我慢して、その日一日のことを思い出してみよう。―CM

198 ライトタックルによるダメージ

ランディングに必要以上の時間を掛けてしまうと、乳酸の蓄積によって弱った魚はリリースしても死んでしまう。そのためにはタックルの選択も重要で、スリリングなファイトを楽しみたいがために、安易にライトタックルを使うべきではない。また、魚を掛けたらティップを水面から低くして、ロッドとラインの角度を90度に保ちながらサイドプレッシャーを掛けて、手早く魚を岸際に寄せるようにしよう。―CM

199　女と男、どっちが釣れる？

ケース1：フィッシングガイド付きで釣りをしている夫婦がいる。ふたりともフライフィッシングの経験はない。

ケース2：フィッシングガイド付きで釣りをしている夫婦がいる。夫の腕前は中級レベルで、妻は生まれて初めてフライロッドを持っている。夫は妻にフライフィッシングの楽しさを伝えたいと願っている。プロのフィッシングガイドなら妻にうまく魚を釣らせて、本気でフライを始める気にさせることができるのではないかと期待している。

質問：あなたがこの2組の夫婦をガイドしたら、それぞれどういう結末になると思うか？

回答者：西はカリフォルニア州、東はメイン州までの1000人のフィッシングガイド

回答：「きっと奥さんが旦那よりたくさん釣ることになるだろうね」、「いつだって女の方が男より釣ることになってるんだ」、「そんなの愚問ってモンだよ、女に決まってるだろう」、「旦那の腕前は関係ない。奥さんの勝ちだ」

意外に思うかもしれない。しかし、間違いなく95％以上のフィッシングガイドが右のように答えるだろう。これが現実なのだ。フィッシングガイドの大半が男だから、夫をそっちのけで妻に入れ込むわけではない。近年は珍しくなくなった女性フィッシングガイドに聞いても、間違いな

く同様の回答が返ってくるはずだ。あるいはあなたの友人、もしくはあなた自身がそれに似た経験をしていないだろうか？

「どっちも同じってことはないんじゃないの？　だってケース2の男性はそこそこ経験があるはずだし」

　そう思いたい気持ちは分かる。しかし、これが現実だということを世の男性フライフィッシャーは認識してほしい。なぜか？　それは女性がテストステロンの影響と戦いながら一日を過ごすことがないからだ。彼女たちはロッドに力を入れ過ぎたり、ムチャなキャストをしたり、形の良いループにこだわったり、魚と力づくでファイトしたり、奇妙に競争的になったり、フライの選択に自分の論理や理屈を持ち込んだり、意味なく自分と対決したり、記録を狙ったり、ムリな目標を立てたり、ここにいないはずはないとムキになって粘ったり、そういったことを一切しない。もう1度繰り返す、一切しない、のだ。ただひたすらフィッシングガイドが教えた通りのことを、狭いボートの中で淡々と繰り返すことができる。フィッシングガイドを信用し、言われた通りに釣ることができれば釣果は保証されたも同然なのに、男にはそれができない。—KD

200
掟

いかなる場合でも、どんな事情があっても、男性は自分の妻や彼女に、女性は自分の夫や彼氏に、あるいは同性同士のパートナーに、フライフィッシングを教えようとしてはならない。それは専門のプロやガイドの仕事である。恋人やパートナーがフライフィッシングを始めたいと言い出したら、この私の言葉を思い出してほしい。私を信じるか、親しい人に教えることがいかに難しいかを自分自身で苦労して学ぶか、どちらかを選ぶ必要がある。苦労して学ぶことにした場合、その後のふたりの関係は自己責任でお願いする。―KD

201　渡渉術

川を安全に渡渉するためには守るべき基本ルールがある。以下の通りだ。

・川の状況にマッチしたウェーディングシューズを選ぶ。渇水で底石にヌルがこびりついた川でスタッドなしのラバーソールを履くと、夏なのに川でスケートをすることになる。
・絶対に偏光グラスを掛け、水底の状態をしっかり確認する。
・水底の色で、石の存在や種類（滑りやすい石かどうか）や深さを確認する。
・水の中では岩や石の上を歩くのではなく、摺り足で水底の様子を触感しながら、石の脇を歩くようにする。岩や石の上が滑るからというよりは、片方の足を上げることによってバランスを崩すリスクがあるからだ。
・常につま先を少しだけ上流側に向けて、つま先側に加重を掛ける。そうすることによって、万が一、片足が浮いてバランスが崩れた時でも踏ん張りが利く。
・急流を渡る時は、出発点から45度下流に着岸点を選び、斜め下流に渡る。川を渡る時は、急流でなくても下流に向かって渡るのが基本だ。流れに逆らって、上流に向かってウェーディングすると、常に脚が水流と戦っている状態になり、足裏の着地コントロールが難しく、かつ体力を消耗する。
・渡渉しなければならないルートに深い場所があった場合はそれを避け、上流のA地点を起点として、下流の約45度の位置にあるB地点までの間に、経由点としてのX点を設定する。
・初めての川では、水中のシューズが見えない状態（濁りや泡）の水には入らない。
・水に入る前に、少しでも恐怖心があったら渡らない。――KD

202　ここだけの話

バスマスター・クラシックのチャンピオン、ルーク・クラウゼンに話を聞いた時、ドック・トーク（現場での情報収集）にはほとんど注意を払わないと語った。秘密の場所、特別なルアー、新奇な戦術、道具など、新たな情報を入手することによって、自分の中に迷いが生まれ、準備していた基本戦略が台無しになる可能性がある。自分の直感と経験を信じて、その場に応じた最適な方法を選択していくことで、自然と表彰台が近づいてくるものだという。

フライフィッシングは人と人とのつながりを大切にするスポーツであり、優秀なガイドは情報をオープンにしている。秘密のポイントや特別な方法、誰も知らないキラーフライがあると電話口で囁（ささや）くガイドは信用してはいけない。多くの場合それは真実ではなく、単なる営業トークだ。自分自身で学習し、練習し、着実にスキルレベルを上げていくことにより、トロフィーフィッシュとの距離は徐々に縮まっていく。あらゆるスポーツと同じように近道はない。急がば回れの教訓はここでも生きているのである。──KD

203　アーチを一定に保つ

川で大きな鱒を掛け、バラさずに釣り上げる技術的なコツはそれほど複雑なものではない。恐らく最大の課題は、興奮してランディングを急ぐ自分の気持ちのハンドリングだ。ともかく焦りは禁物だ。釣り人の焦りや不安は、確実にラインを通して魚に伝わる。逆に堂々として落ち着いてハンドリングしていると、魚の諦めも早い。魚が大きくなればなるほど釣り人の技量を見抜く力に長けていて、ちょっとした隙を見つける。逃した魚は大きいというが、大きいから逃れるわけである。

私が初心者をガイドする時に注意しているのは、フッキング後のティップの位置だ。ティップを下げ、サイドプレッシャーを掛ける方法は魚の体力を消耗させずに、いち早くランディングするには適した方法だが、ビギナーにはリスクが高過ぎる。ビギナーがこの方法を真似ると、大概ティップが水面近くまで下がり、かつ魚が逃げる方向に向けてしまう。つまり、ロッドとラインとリーダーとティペットが一直線になってしまうのだ。これではロッドを使わずに釣りをしているも同然だ。

魚を掛けた後は、フライロッドのアーチを一定に保つというのがビギナーへ向けた私のアドバイスだ。魚が走りたければ走らせ、ロッドのアーチを維持する。魚が引っ張る方向へ向かってロッドを倒して、ティップを向けてならない。また、逆に魚が釣り人に向かって突進してきた時には、ロッドを反対方向に向けて、極力余分なラインスラックがないようにする。魚のことは気にせずに、アーチを気にしてほしい。極力ティップを高く保持し、ロッドが一定のアーチを描くようにしておけば失敗する可能性は低くなる。それから後、しかるべきタイミングでロッドを倒し、サイドプレッシャーを掛けてランディングする方法を学べばいい。—KD

204 ループ・トゥー・ループ

ふたつ以上のフライを同時に使うタンデム・リグにはティペットやリーダーが絡むリスクがある。あるいはリスクというより、必ず起こるルーティンと覚悟しておいた方がいいかもしれない。そんなタンデム・リグのように、あらかじめトラブルが予想される場合、現場での時間短縮のためには、ループ・トゥー・ループでのリグをスタンダードにしておくといい。トラブルの起きたセクションだけを交換すればいいのだ。—CM

205 タンデム・リグのクリンチノット

タンデム・リグでは、ドロッパーをリードフライのシャンクに結び付ける方法が最も一般的だ。リードフライがドライであっても、ニンフであっても方法は変わらず、ほとんどのフィッシングガイドがコネクションにはクリンチ・ノットを採用している。フライフックのアイにクリンチノットでティペットを結び付けるのは難しくはないが、フックベンドにクリンチノットでティペットを結び付けるのはやや面倒な作業となる。

だいぶ以前、ワイオミング州のスネーク・リバーに立ち込んだまま、リードフライのホッパーのシャンクにクリンチ・ノットでティペットを結び付けていた時のことだ。シャンクに巻き付けたティペットの輪を2回連続で外してしまい四苦八苦している私に、ガイドのパティ・ライリーは、

「いったい何をしているの?」

と言った。

私がタンデム・リグでのこの作業を苦手にしていることを白状すると、彼女は魔法を見せてく

れた。指をクリンチノットで結んだのだ。

輪を作ったティペットを人差しに絡ませ、そのまま指を5、6回転させる（ねじる）。後はいつものクリンチノットの要領で指を緩く結ぶ。指を抜き、できたその輪にフックを通して、フックベンドの適当な位置で引っ張って締め付ける。

「これだけのことよ」

その時パティは女神に見えた。—KD

206　世界平和のために

私はエサ釣り、ルアーフィッシングを経てフライフィッシングに行き着いた。どの釣り方にも一長一短はあり、どれが一番優れているかという問いに対する回答はない。それぞれの人にマッチした釣り、あるいは好みの釣りというのがあるはずで、その釣り方を見つければいいだけのことだ。ただでさえ釣り人は釣果に始まって、道具や装備や車まで他人に自慢したがる傾向が強いが、ことにフライフィッシャーにはフライフィッシングをほとんどイデオロギー、もしくは宗教と認識している人が少なくない。あらゆるイデオロギーと宗教が対立して人を殺してきたのが世界の歴史の真実だ。私たち釣り人は同じ過ちを繰り返してはならない。世界平和のために、エサ釣りを認め、ルアーフィッシングを認めなくてはならない。ドライフライ・ピュアリストは凍える水の中で、1ミリも動きたくない水底の鱒をフローティング・ピューパで狙っていればよいのであって、隣でグローバグを使って爆釣しているフライフィッシャーを妬んだあげくに、正しい道を外れた異端教徒視してはならない。—KD

207 ロスタイムの戦い方

宵闇が周囲に広がり、すでにゲームはロスタイムに入っている、けれども目の前の水面には、取れないライズの輪がひとつだけ静かに広がっている。そんな貴重な時間帯に、あなたは背後の枝にフライを引っ掛けてしまう。イチかバチかラインを引っ張ると、ティペットとリーダーの結び目から切れてしまった。ライズの主は気難しい鱒であることは明らかで、6Xのティペットを継ぎ足さないまま、リーダーに直接フライを結んでも敗戦は目に見えている。

こういった夕暮れの光量が少ない状況で、リーダーにティペットを結ぶ作業に必要なのはヘッドライトではない。ヘッドライトはあった方がいいに決まっているし、安全上夕暮れの釣りには必ず携帯するべきだが、最も重要なのは、暗がりでティペットを結ぶことができる能力だ。これは訓練以外に身に着ける方法はないし、逆に訓練すれば必ずできるようになる。暗がりで結ぶことができるようになれば、日中のリーダートラブルは音速レベルで処理することができる。部屋の電気を消して、野球中継のテレビだけをつけて、その光だけで結べるようになるまで練習しよう。ひいきの地元チームが1点差で負けている9回裏のツーアウト、走者2塁といった状況でも結べるようになれば、イブニングライズの大物はあなたのものだ。—CM

208　ラインの敵

コイルしているフライラインはトラブルの元凶だ。車を降りて釣りを始める前に、あらかじめラインを引き出して、真っすぐに引き伸ばす習慣を付けよう。最近のラインはコイルしにくいものが多くなったが、ラージアーバーではない古いリールに巻き付けてあるラインは、中心にいけばいくほど直径が小さくなるので要注意だ。—CM

209　ラインの謎

人間は忘却の生き物である。忘れないと生きていけない。ある程度年齢が進むと、忘れることと生きていることが同義になる。しかし、例えあなたがまだ若かったとしても、リールに巻いたラインの番手と形状（フローティング・ラインなら、ダブルテーパーなのかウエイトフォワードなのか）は明確に識別できるようにしておく習慣を付けておこう。世の中分からないことは無限にあるが、ひとつだけ確かなのは、あなたもやがて老いるという事実だ。

レフティ・クレイは油性マーカーでラインの先端に一連のドットとダッシュを記す独創的なコードシステムを考案して、それぞれのラインを識別できるようにした。どんな方法でもいいから、3年後のタックルボックスが謎のラインであふれないように、リールとラインを保管しておこう。—CM

210　ドラキュラ

太陽光は、例え直射日光でなくてもモノフィラメントの大敵だ。モノフィラメントのリーダーやティペットには、食品やベアスプレーのように賞味期限や消費期限、もしくは製造年月日が記されていない。通信販売で購入したリーダーのパッケージデザインが最新のものではない場合、涙を飲んでゴミ箱に投げ入れるべきだ、もしあなたが釣り場で涙を飲みたくないならば。新しいモノフィラメントも太陽光が当たらないところに保管しておこう。—CM

211　ロッドソックスは装備である

ハイク・フィッシングは、誰もいない川で過ごしたい釣り人には最高の手段だ。デイパックのサイドポケットにパックロッドを入れる際は布袋から出さず、かつ取り出し口からロッドが飛び出ないように輪ゴムで留めておく。

デイパックを担ぐほどの距離ではない場合はロッドにリールを装着し、ラインやリーダーを通してフライを結んだ状態でロッドをバラして、上下端をベルクロテープで固定する。ハイク・フィッシングで最も多いトラブルは、釣り場に着いたらティップがない、もしくは釣り終えて車に戻ったらティップがない、というアクシデントだ。4ピース、5ピースを握りしめて歩くと、掌から知らぬ間に細いティップが抜け落ちてしまうのだ。

ハイク・フィッシングに限らず、釣り始め、釣り終わりから車までの距離がある場合でもタックルを完全に組んだ状態でバラし（ロッドを繋げばすぐにキャストできる状態）、ティップが抜け落ちないようにして歩き始めるのが基本だ。

最もリスクが高いのは、イブニングライズをトラブルで終了した（ありがちな）ケースである。フライが千切れた状態でラインとリーダーをリールに格納してしまい、バラバラになったロッドを掌に握りしめて斜面を上り下りし、気付いた時にはティップがないということにならないようにしたい。そうは言っても車に引き返すためだけに、もうキャストすることはないフライを暗がりで結び、リグを組み直すのが面倒極まりない作業なのも事実だ。では、どうするか？

とても簡単な解決方法がある。ロッドの布袋をヴェストの背面ポケットに入れておく。それだけのことだ。布袋はロッドケースに格納するためのものだと思っているフライフィッシャーが多いが、実は常にヴェストに入れておき、釣り場で使う重要な装備品のひとつなのである。—CM

212　正しいロッド

一日の釣りで最大限の満足感を得たければ、釣り場の状況に応じたロッドを選ぶことが重要だ。重量のあるニンフを使いたいのに、柔らかいロッドを選んでしまったり、繊細なドライフライを使いたいのに、硬過ぎたり重過ぎたりするロッドを選ぶと一日が台無しになる。改めて言うまでもない、当たり前のことに聞こえるかもしれない。しかし、フライフィッシャーの多くが、どこでもどんな条件でもお気に入りのロッドを使いたがる傾向があることも事実なのだ。あなたの好みに合わせるのではなく、魚の好みに合わせよう。—ＫＤ

213　どっちが得か考えてみよう

鉛のウエイトが環境へもたらす害については今さら言うまでもないが、非鉛のスプリットショットを使用することには経済的なメリットもある。ウエイトはボトムに引っ掛かると比較的簡単にリーダーから外れてしまうが、これはデメリットではなくメリットなのだ。つまり、単価がはるかに高いフライごと失うわけではなく、スプリットショット1個を紛失しただけなのだから。—ＣＭ

214 新聞から得た知識

かつて、私はひとりの老アングラーに新聞から得る情報の重要さを教えられた。その老アングラーはフライボックスから中型のストリーマーを取り出すと、やにわにフックを新聞紙に突き刺した。フックは数ページに穴を開けるのがやっとだった。明らかに大きな魚の顎を貫通することはできないはずだった。

大きめのフック、もしくは販売されている大型フライは、新品では十分なシャープさが得られないものが多い。釣行前には必ず研いでおこう。―CM

215 猫のようにマメに研ぐこと

前項の続きでフックの話だ。フックポイントの確認方法は親指の爪で行う。フックを親指のツメの表面に当てた時、フックポイントが滑るようだと研ぐ必要がある。フックシャープナーを使い、親指の爪にフックポイントが引っ掛かるようになるまで根気よく丁寧に研ぐ。釣り場で研ぐのは応急処置と考え、極力自宅でやってしまいたい。

釣り場で魚をバラした時には必ずフックポイントを確認しよう。バラす原因がフックポイント

にあることは珍しいことではない。特に連続で魚をバラした場合は、最も疑うべき原因となる。―CM

216　バーブレスの理由

魚へのダメージを最小限に抑えるために、バーブレス・フックを使用するべきことについては今さら言うまでもないことだが、無鉛のスプリットショット同様に経済的効果があることを付け加えておきたい。バーブ付きのフックが魚に呑み込まれてしまった場合、フライをフォーセップで引いたり押したりしているうちにデリケートなフライに壊滅的なダメージを与えてしまう。フライの節約は時折失われる魚を補って余りあるものである。―CM

217　後片付けは楽しい

釣りに行く準備はワクワクして楽しいけれども、後片付けは面倒なものである。これぱかりはどうしようもない。世界広しといえども、帰宅後の疲労を引き摺りながら、ワクワク感と共に後片付けをしている釣り人は絶無だろう。しかしモノは考えようで、後片付けを次の釣行の準備と考えることで、少しは面倒くささが軽減されるんじゃないか、なんていう屁理屈を並べていないで、釣りから帰ったら何も考えずにその日のうちにウェーダーとシューズを洗って、さっさとどこかに吊り下げよう。何も考えないことが重要だ。面倒くさいとか、明日にしようとか、シャワーを浴びてからとか、ビールを先にしようとか、そういった安直な思考や言い訳や欲望が頭の中に忍び寄ってくる前に行動するのだ。そして、シーズンが終わったら丁寧に汚れを落とし、撥水剤を使って次のシーズンに備える。負け惜しみではなく、意外に楽しいものだ。—CM

218　羊を巡る紛失

多くのフライヴェストやヒップバッグに付いているフライキーパーは、以前はウールで作られていたが、最近は発泡材で作られているものが多くなってきた。フライを乾燥させたり、頻繁に使うパターンを刺しておくための装備だが、多くの場合、フライ処理場と化していることが多い。釣りに夢中になっていたり、草むらをかき分けたりしているうちに、いつの間にか引っ掛けていたフライがどこかに行ってしまうものなのだ。キーパーから落ちたフライの数は、世界中の木の枝に引っ掛かったフライの数よりも多いかもしれない。

対策はふたつ。

1　フタのあるキーパーを使う

2　ヴェストからキーパーを取り外し、強制的に使えなくして、面倒でも1回1回フライボッ

クスに戻す―CM

219　ループを使う

タンデムフライの項で紹介したループ・トゥー・ループだが、フライラインとリーダーの接続、リーダーとティペットの接続にも有効だ。特に光量のない状況では、通常のノットに比べて有利になることが多い。あらかじめすべてのシステムをループ・トゥー・ループと決めておけば、時間のロスやフラストレーションを避けることができる。―CM

220　飲み過ぎに注意

ドリフトボートでキャスティングを続けて長い一日を過ごした後、腰の痛みを訴えるアングラーが多い。原因は腰を曲げ過ぎて椎間板を圧迫する姿勢が続くことにある。これを防ぐには、片足の下に小さな木の塊のようなものを置くといい。これだけで背筋が伸びて負担が軽減される。

これはバーのフットレールと同じ原理だ。立って飲む客の居心地を良くして長居させ、浴びるほど飲んでもらうためのものだが、揺れるボートの上で酒を飲んで酔っ払うと、腰が痛いだけでは済まなくなるからご注意を。―CM

221 ウェイトの代替案

スプリットショットをシングル、またはダブルニンフ・リグの上のリーダーに噛ませる標準的なシステムは、最下層に到達したウエイトが水底に引っ掛かってしまった際に、リグ全体を失ってしまうリスクがある。水底に障害物が多い釣り場では、根掛かりのリスクを回避するために以下の方法を試すといい。ウエイトをティペットの先端に取り付けるリグだ。ティペットの下端を結んでコブを作り、そのすぐ上にスプリットショットを取り付ける。ボトムからの距離を判断し、ニンフフライを短いドロッパー・ティペット（枝鈎用のティペット）に結ぶ。リードフライは通常と同じ位置で問題ない。

このリグを効果的に使うコツは、ウエイトを取り付ける先端側のティペットと、その上のティペット（ドロッパー・ティペットが結ばれているティペット）の太さを変えることだ。ウエイト側に細い番手を（フライが結ばれているティペットより）を使う。細いティペットを使うことで、底にウエイトが引っかかった時にフライを失わず、ウエイトだけが千切れてくれる。

ウエイトの位置が違うために、通常のシステムとはフライの流れ方が異なる点を考慮しながら釣りをすること。ナチュラルという点では標準システムに分があるかもしれない。水底の状態によって、どちらが効果的かを判断して使い分けたい。—CM

222　影を味方に付ける

身に着けている服や道具を釣り場の中で目立たせないために、色に気を遣うことは状況を問わず大切なことだが、それよりも、釣り人が日陰にキャスティングポジションを見つけることの方が重要だ。例外があるとしても、一般的に鱒は日向よりも日陰を好む。日が当たったポジションから日陰を見つめると、周囲にあふれる光が邪魔をして暗がりが見えにくい。日陰から日陰を見つめた方がはるかによく見える。—CM

223　常識に背を向ける

木々に囲まれている池や湖ではバックが取れず、キャスティングに苦労することがままある。そんな状況での窮余の策がある。次のように対応してみてほしい。

1　バックが取れない中でも比較的マシな空間を探す。幅が狭くても構わない。
2　その隙間に向かってキャストする（通常とは逆に水面に背を向けてバックキャストを開始する）。
3　狭い隙間を利用してフォルスキャストをし、可能な限りラインを伸ばす。

4　十分にラインが伸びたら、フォワードキャストの終了間際に１８０度身体を回転させて水面を向き、もう1度フォワードキャストをする。

早い話が、いつもと反対側を向いてキャストし、最後だけ身体を1回転させてシュートするだけの話だ。目が前に付いている人間にとっては、フォワードキャストの方がはるかにコントロールしやすいのである。レフティ・クレイに「バックキャストはフォワードキャストを逆にしただけ」という名言があって、その言葉を証明するようなトリック・キャストである。少しの練習でいつもと変わらない距離をキャストできるようになる。―ＣＭ

224　リズムを変える

賢くて大きなトロフィーフィッシュは、真っすぐにリトリーブされるニンフやストリーマーを警戒しているということにあなたは気付いているだろうか？　中型の鱒までは一般的なテクニックで釣れてくるが、老獪な鱒を騙すにはもうひと工夫が必要だ。リトリーブを止めたり、速度を変えたり、フライが上下に不規則に動くようにしなくてはならない。

この動きをより効果的にするために、ストリーマーにコーン型のビーズヘッドを付けたり、ジグヘッドを使う釣り人もいる。―ＣＭ

225 リーダーキャスト

状況：正午まで小1時間、燦々と降り注ぐ太陽の下、流れの緩い穏やかな水底に鱒が定位しているのが見える。ライズはしていないし、水中の流下物を食べている様子もない。ただそこに定位しているだけだが、魚は大きい。周囲を見回すが、身を隠す木陰や障害物は一切ない。鱒は流れの中央に定位していて、アップストリーム以外の選択肢はない。太陽はあなたの頭上後方にある。鱒には逆光の只中にいるあなたの姿は見えていないが、ラインをキャストした途端、水面にラインの影が伸びることは避けられない。

質問：あなただったらどうする？

補足：水中に伸びるラインの影は致命的だ。そんな時は通常のキャストを諦め、岸際にへばり付くようにしてロールキャストをするしかない。リーダーだけが魚の上を通るような距離まで近寄ることが重要だ。しかしこの状況ではそれもできない。

正解：そのポイントをパスする。

トランプのババ抜きとは違って、釣りのルールにはパスの回数は決められていない。釣りにはどうやってもムリな状況というのがある。魚にやる気はないし、ラインの影を消すこともできない。状況から判断して、釣れる可能性は10にひとつもない。他のスポーツと違って、気合いとかガッツとか集中力で何とかできるものではないのである。

しかし、諦めるわけではない。アイ・シャル・リターンとでも言い残して、他のポイントを先に釣るだけのことだ。釣り場に陰影ができる時間になれば、虫の活動も活発になる。鱒のやる気も出るというものだ。大きな鱒は1度警戒させてしまうと難易度が跳ね上がるから、のんびりランチでも食べて、さらに上流を釣っておこう。そうこうしているうちに、太陽の方が根負けして動いてくれる。時間しか解決できないこともあるのである。—CM

226　リールハンドルを下に

フッキングした直後、矢のように走る大型のニジマスは、フライフィッシャーの足元に垂れているラインを猛烈な勢いでに引っ張っていく。勢い余ったラインは手元に跳ね上がり、しばしばリールのハンドルに引っかかって衝撃的な急ブレーキを掛け、プツリ！　あっという間に大魚は逃げ去る。解決策は簡単だ。フックアップしたら、すぐに手首を捻ってリールのハンドルを下に向ける。それだけだ。—CM

227 殿様にお辞儀をしよう

首尾良くリールハンドルを下にして手元のラインが出尽くすと、リールを使った駆け引きが始まる。体力のあるニジマスは疾走後にジャンプして首を振りフライを外そうとする。水飛沫を上げながら空中に舞うニジマスの姿は美しく逞しい。生物が躍動するそんな光景を見たいがために私たちはフライフィッシングをしているのだ。しかし、見たくない光景もある。ジャンプ一番フックを外され、緊張を失って垂れ下がるラインと、申し訳なさそうに身を縮めてすごすごと戻ってくるフライの姿だ。

跳躍力のある魚種を相手にする時には、ジャンプの王様ターポンを狙うフライフィッシャーを見習うといい。ジャンプした時にラインが張っていると、首を振ってフライを外そうとしている魚に対して「大変だね、手伝おうか」とフックを固定していることになる。逆のことをしなくてはならない。魚がジャンプしたらラインにスラックを与えるのだ。ラインにスラックを与える手っ取り早い方法は、ロッドティップを水面に浸すことである。ロッドだけを浸そうとするより、腰をかがめて身体全体を下に向けた方がスムーズにいく。

魚がジャンプした時には、その野生の逞しさに敬意を表す意味で、恭(うやうや)しく、しかし素早くお辞儀をしよう。殿様へのお辞儀が遅れると、首をハネられるから注意されたし。―ＣＭ

228 より速く

鱒を対象としたフライフィッシングに必要なノットはそれほど多くない。フライラインとリーダーをつなぐための「ネイルノット」、もしくは「パーフェクション・ループ」、リーダーとティペットをつなぐ「ブラッドノット」、もしくは「ダブルサージェンスノット」、フライをティペットにつなぐための「クリンチノット」。他にもソルトウォーター・フィッシングで使われている中にいくつか有用なノットがあるが、まずはこの5種類のノットを素早く、どこでも結べるようにしておきさえすれば大丈夫だ。ノッティングに関して言えば、ソルトウォーターは「より強く」、トラウトは「より速く」が基本だ。——KD

229 後悔の正体

ティペットをつなぐ際は、番手を飛ばさないのが基本だ。例えば2Xのティペットをダイレクトに5Xにつなぐのは賢明ではない。しっかり3X、4Xを継ぎ足してから5Xへテーパーダウンするべきである。ティペットの接続強度は長さも関係するため一概には言えないが、最大のジャンプはひとつ飛ばし（3Xから5Xのように）で、それもピンチの時に限ろう。適切なテーパーダウンを面倒くさがった時に限って大物が掛かり、ブツリといくものだ。

フライフィッシャーの後悔の半数がティペット絡みだと思って間違いない。後悔するからには、分かっていながら前もってやるべきことをやらなかったということだ。言うまでもなく、解決方法はひとつしかない。—ＫＤ

230 ティペットサイズ

目の前でライズしている魚が釣れない理由をティペットの太さのせいにするフライフィッシャーは少なくないが、同じフライを使って７Ｘでは釣れて、６Ｘで釣れないという状況は極めて稀だ。魚の反応が悪い時は、まずはフライのサイズを下げよう。その上で、ドリフトとプレゼンテーションがうまくいっているかどうかをチェックする。最後に変更するのがティペットだ。しかし、大きなフライに細いティペットを組み合わせてはいけない。５Ｘのティペットで正確にドラッグフリーのドリフトをする方が、７Ｘで不正確なプレゼンテーションするよりもはるかに効果的なのだ。—ＫＤ

231　人前でツバを吐いてもいい

人前で唾を吐いてはいけないと母からしつけられた私だったが、今ではクライアントの前でも、尊敬するフライフィッシャーの前でもツバを吐く（少なくとも口から出す）。ティペットやリーダーを結ぶ時は、結び目を濡らして摩擦熱を下げることで結束が強固になるのだ。ベテランのフライフィッシャーが毎回欠かさずやっているルーティンである。―KD

232　ウエイト・ストッパー

ニンフで釣りをしている時にありがちなのが、ウェイトが下に（フライの方へ）ずり落ちることだ。ウェイトをきつく締め付けるという単純解決方法で対処するとティペットに傷が付く。簡単な解決リグがある。フライの30センチ上にサージェンスノットを作り、その上にウエイトを取り付けるだけのことだ。これでもう、ウエイトがフライの上に移動して、簡易ビーズヘッドニンフになってしまうことはない。―KD

233

ふたつの要因

フライを木の枝などの障害物に引っ掛けたことのないフライフィッシャーはいない。引っ掛かる要因をふたつに大別すると以下のようになる。

前方にフライを引っかける釣り人：努力が足りない

後方にフライを引っかける釣り人：注意が足りない

障害物に引っかかったフライが（渡ることのできない）流れの向こう側にあったり、フライを回収するためにそのポイントを潰したくない場合は、ロールキャストの要領で、ラインをできるだけ強く前にキャストする。単純にフックが引っ掛かっている場合は、この方法で外すことができることが多い。つまり、引っかかったフックを、釣り人から見て向こう側に引っ張るわけだ。

―KD

234

後悔原因NO1

枝にフライが巻き付いてしまった場合はイチかバチか引っ張るしかないが、運良くフライを回収できた場合は、忘れずにティペットに傷や縮れがないかどうかを確認する必要がある。かなりの確率でティペットの強度が落ちているのだ。フライフィッシャーの後悔中、最も多いのがこの確認漏れではないだろうか。―KD

235　タップ・ザ・ロッド

歩いてポイント間を移動する際、もしまだフックキーパーにフライを引っ掛けている人がいたら、後述する方法に切り替えてほしい。というのは、フックキーパーにフライを引っ掛けると、必ずラインとリーダーの接続部分がリールの中に巻き込まれ、次のポイントで（ガイドに引っ掛かりやすい）その接続部分をロッドティップから引き出さないとならないからだ。そんな面倒を避けるため、大半のベテランが採用しているのが以下のやり方だ。

1　フックキーパーに引っ掛ける時の倍ほどのラインをロッドティップから出しておく。

2　フライをフックキーパーではなくロッドのガイドに引っ掛ける（リーダーが長ければロッドティップに近いガイドを利用し、短ければバット側のガイドを利用する）。今、ラインとリーダーはティップガイドとスネークガイドを両端にして、縄跳びのようなループ状になっているはずだ。

3　ループの適当なところをつまんで、リールのお尻の外周に沿って引っ掛ける。

4　リールを巻いて余って垂れ下がっているラインとリーダーを回収する。

つまり、リールの外周を経由して、ラインとリーダーをロッドの全長分ぐるりと1周させるのだ。これでラインとリーダーの接続部がロッドティップの外側に出ている状態でのセットアップが完了する。

さて、ポイントを移動したところで、タイミング良くライズを見つけることができた。これまではフライをつまんでラインとリーダーを引っ張り出していたはずだが、もうその必要はない。

5　フライを外さずに、リールに引っ掛けてあるリーダーを軽く引っ張って外す。

6　ロッドを地面と平行にした状態でコルクのハンドル部分を上からトントンと軽く叩く。

アラ不思議、フライはガイドから外れ、すぐにキャスト体制に入ることができる。嬉しくなったからといって、すぐにキャストしてはいけない。お忘れかな？　まずライズの観察だ。──KD

236　深呼吸で弱らせろ

フッキングした直後の電撃的なファーストランをかわし、数度のジャンプもなんとか切り抜け、倒木の下に潜ろうとするところをサイドプレシャーで踏ん張り、数分のやり取りの果てにとうとう鱒が手元に寄ってきた。でかい！　間近で見る魚の大きさに興奮しながら背中のネットに手を伸ばし……たところで、ふっと竿先が軽くなる。

バラシの大半はフッキング直後とキャッチ寸前で起こる。キャッチ寸前で大物に逃げられた時のショックは大きい。あと一歩というところで、すべての努力が水泡に化すのだ。コロラドのフィッシングガイド、トム・ホイットニーに、フッキングした魚をネットですくう際のコツを聞いた。以下の通りだ。

まず、魚の体勢に注意すること。魚が頭を底に向け、尾びれを激しく振っていたら、その魚はまだネットに入れるには時期尚早で、ムリして取り込もうとすると逃げられる可能性が高い。魚をいち早く降参させるにはロッドを水面と平行にし、しっかりと曲げたまま流れと直角にプレッシャーを掛け、岸際に誘導する。魚が手の届くところまで来たタイミングで唐突にロッドティップを上に持ち上げる。大概の魚が、予想外の上からの力に負けて頭を上に向ける。この時のテンションを維持し、魚に下を向かせない。空気を吸ったトラウトは急速にパワーを失うので、このタイミングで一気にすくう。—KD

237 優しいあなた

キャッチした鱒をリリースする際には、以下の2点に注意してほしい。

1　必ず濡れた手で触ること。鱒の表皮のぬるりとしたスライム層は細菌などから身を守るための防護膜で、乾いた掌や手袋で強くつかむとその層が剥がれてしまう。

2　時間をかけて、魚を水中で休ませてからリリースすること。疲れ切った魚が自力で泳ぎ去

ることができるようになるまで、手で支えておこう。—KD

238　ジュネーブ条約

釣行写真の定番は「魚とロッドのツーショット」だが、写真撮影に夢中になり過ぎて、魚を瀕死の状況に追い込まないようにしよう。魚を水の外に出したまま砂利や草の上に横たわらせるのは、KGBが得意としていた水責めの逆バージョンだ。

「オイ、正直に話すんだ！　本当は何を食ってたんだ！　他にも仲間がいるんだろう、どこにトンズラしたんだ？」

ジュネーブ条約のCAT（拷問等禁止条約）に違反してはならない。いかなる時でもフライフィッシャーは、可能な限り捕虜を迅速に解放しなくてはならない。—CM

239　息を合わせて

釣った魚を写真に撮りたい気持ちは分かるが、魚の気持ちになってみることも重要だ。「そうは言っても魚の気持ちが分からないから苦労してるんだ」と言うあなたにやってもらいたいことがある。釣った魚を水から出して写真を撮る時に息を止めて撮影するのだ。シャッターを切る時に呼吸を止めるのはブレ防止の基本対策だから、そう思ってぜひやってほしい。しかし、苦しくなっても息を吸ってはダメだ。苦しいのは魚も同じなのだから、もしあなたが息を吸いたいなら魚を水中に戻さないといけない。可能な限り、魚を水から出さないで撮影しようじゃないか。

友人との釣行で、釣れた大物のニコパチを撮ってもらいたければ、片手もしくは両手でつかんだ魚を水中に入れた状態で「サン、ニー、イチ」とカウントダウンし、最後の「ゼロ」で魚を水から持ち上げて、そのタイミングで友人にシャッターを切ってもらおう。そうすれば魚もラクだし、魚から水滴が滴っている臨場感のある記念写真が撮れる。―KD

240　運命交響曲　その1

早合わせ。ベテランでもしばしば犯すミスだ。もしあなたがビギナーだったら、あまり悲観しないでほしい。鱒がドライフライにライズするのを見て、興奮しないフライフィッシャーはいない。興奮の余りについつい手が動いてしまうものなのだ。フックに触ってしまった鱒はもとより、吸い込む前に「スポッ」と抜いてしまった場合でも、ティペットやフライの不自然な動きや音で魚の警戒心が高まってしまうことが多く、セカンド・チャンスの勝機は薄い。合わせのタイミングは、リーダーとラインのスラック、魚までの距離、ドラッグの有無もしくは程度、魚の大きさ、魚の種類、虫の種類、虫の形態、流れの速さ、水深、フライの大きさ、フィッシング・プレッシャーなどによって異なる。1秒以内に合わせなければならない場合もあれば、1秒以上待たなければならない場合もある。

逆にこれらの変化要素を少なくすれば、毎回合わせのタイミングで苦労することはなくなる。

多くの例外がありながらも、デッドドリフトが最大公約数的な解決方法である。ナチュラルに流れている虫を慌てて食べる鱒はいない。動いていたり、ドラッグが掛かっているから、魚も慌てて捕食するのである。魚がゆっくり食べにきて、くわえたところを確認して合わせることができれば、自ずとフッキングミスは減っていく。逆に言えば、デッドドリフトができていないから、合わせのタイミングが難しくなってしまうのである。

そうは言っても、早瀬などではそんな悠長なことを言っていられない。どれだけナチュラルに流しても、フライが流れ下る速度が速ければ、魚の出は早まる。これは慣れるしかない。しかし早瀬でさえナチュラルに流せば、魚は比較的ゆったり出てくるものだ。

魚種によってフライへの出方が違うことは事実だが、好んで定位する場所が異なるために合わせの速度が変わると言い換えることもできる。イワナの仲間やブラウントラウト、あるいはカットスロートがゆっくり出てきて、ニジマスが速いのは、好んで生息している場所の違いが関係しているのだ。また、捕食している虫の種類や、その時の形態にも大きく影響される。カディス・イマージャーを捕食している鱒は素早いし、メイフライのスピナーやテレストリアルを食べている鱒の動作は遅い。——KD

241 運命交響曲 その2

合わせの問題で最もやっかいなのが魚の大きさである。これはかりは、出てこないことには分からない。ポイントの規模や雰囲気からおおよその推測はできるとしても、意外なポイントに意外なモンスターがいるものだ。その意外さにやられる。「あっ!」と思った瞬間には腕が動いてしまっているのだ。正解は逆だというのに。大きな魚ほどゆっくり合わせる必要がある。例えばモンスター・ブラウンのいるニュージーランドで、ガイドはクライアントに、魚が出たら「God Save the Queen」と言ってから合わせるようにアドバイスしていると言う。

もしあなたがアメリカンフットボール・ファンなら、クォーターバックが使う合いの手「One-Mississippi、Two-Mississippi」を使ってもいいし、クラシック音楽ファンならベートーヴェンの交響曲第五番「運命」の出だし「ジャジャジャジャーン」を使ってもいい。ともかく大物が出てくる可能性がある場合は、合い言葉を口に出す準備をしておくことだ。

というわけで、あくまでもデッドドリフトでの合わせを基本にして、各シーンによって対応を変えることが必要となるが、何よりも肝腎なのは、フライをキャストする前にポイントの状況を確認し、合わせるタイミングをあらかじめイメージしておくことである。―KD

242 弱めの敬礼

合わせのタイミング同様、合わせの強さも重要だ。魚がフライに出てきた時に、どのくらいの強さでフックをセットするべきか？　弱過ぎるとフックは外れやすくなるし、強過ぎるとティペットがいわゆる「合わせ切れ」をしてしまう。合わせのタイミング同様、これまた様々な条件や要素が影響し合うため、ひとつの回答はない。そもそも一瞬の判断で強さをコントロールすることは簡単なことではないし、一般的に合わせが早いと力も強くなりがちだ。これぱかりはたくさん鱒を釣って、身体に覚え込ませるしかない。習うより慣れろだ。ただ、ビギナーにアドバイスするとしたら、以下のようになるだろう。

目の前の固定電話が鳴った時に受話器を取るくらいの強さ。ロッドのハンドルを耳の位置まで持ってくるイメージである。正装した海兵隊員が式典で行う敬礼は強過ぎるが、休暇に宿舎でダラダラとしている二等兵が、通りすがった軍曹にする程度の強さが適切だろう。—KD

243 本当の情報

今時の釣り人は、インターネットという強力な情報入手手段を有している。以前は現地に友人がいたり、懇意にしているフライショップがなければ、イチかバチか実際に川に行って確認するしかなかった。今、もしあなたがデラウェア・リバー上流域のヘンドリクソンの羽化状況を知りたければ、5分もあれば正確な情報を手に入れることができる。天候にしても、ピンポイントで今まさにどこに雨雲があって、どの方角に動いているかを把握できるし、主要な河川やダムの水量も分かる。しかも自宅からではなく、移動中の車の中で最新情報を入手することができるのだ。ひと昔前の老フライフィッシャーに「どうやったら釣れないんだ？」とでも皮肉られそうな昨今ではあるが、公平に見て、フライフィッシャーにとっては良い時代と言えるだろう。ただし、釣果に関する釣り人の性向は昔から1ミリも変わっていないことは肝に銘じておくことだ。ホラはかつてないほど広汎、かつ一気に世界を駆け巡っている。—KD

244　強制労働ルール

釣り人はすべからく楽観主義者である。悲観主義者が大魚を夢見て釣りを続けることはできないのだ。が、ことティペットに関してだけは、楽観は禁物である。ティペットやリーダーにウインドノットができていることに気付きながら、大したことではないと思って釣りを続けたことはないだろうか？　そしてその後に、大物をバラして地団駄を踏んだことはないだろうか？　怠慢の代償は、自らの後悔として償わなければならない。

小さな結び目があるだけでティペットの強度は著しく低下する。結び目に気付いたら、100％例外なくティペットをカットしてリグを作り直す「強制労働ルール」を自らに課さない限り、楽観主義者からこの悪癖はなくならない。科学的な検証は脇に置くとして、次のように考えるようにすれば、重い腰も上がるかもしれない。

――6Xに小さなウインドノットができていたら、あなたは7Xを使っていることになる。

どうだろう、多少は怖くなって、面倒くさがり屋のあなたでもティペットを交換する気になったのではないか。釣り人は楽観主義者である。楽観主義者が次に釣り上げる魚はどうせ小さいだろうと思うことは主義に反している。次の一投は、もしかすると人生最大の魚かもしれないと思うのが釣り人なのだ。人生最大の魚が出てくるかもしれない次のキャストで、あなたは結び目ができたティペットをそのまま使うだろうか？　―KD

245　ローションと虫除けスプレー

市販されているいくつかのローション、日焼け止め、虫除けスプレーがライン、リーダー、ティペットに化学的な影響を与えることは実証されている。ことに、ディートを含んだ虫除け剤は要注意。タックルの近くでスプレーしたり、塗布直後にタックルに触れるのは止めよう。―KD

246 釣り場のエチケット

多くのスポーツと違って、フライフィッシングにはルールブックというものがない。3人がアウトになったら守備に就かなくてはならない野球と違い、ライズを狙っている釣り人の背後から近づいて、同じライズを狙うことを禁じているルールはなく、人気河川の人気ポイントに朝から晩まで居座って、釣り続けることを罰する法律もない。あくまでも、州当局が定めた規定に則って釣りをしている限りは合法なのである。

だからこそエチケットやマナーが大切になる。エチケットの基本は他人への敬意と気遣いだ。フライフィッシングというスポーツ、あるいは釣りという遊びを楽しむ仲間同士がお互いを尊重しながら、お互いの釣りをさらに楽しいものにする努力をしなくてはならない。明文化されていないだけに、やって良いことと、やってはいけないことの境界線がビギナーには分かりづらいかもしれない。以下に記すことは、あくまでも一般的なマナーだ。釣り場によって無数のバリエーションがあるので注意してほしい。

まず、他の釣り人が釣っている場所には決して入らない。少なくとも、その釣り人が見える範囲内で釣りをしてはならない。釣りはファースト・カム・ファースト・サーブド（早い者勝ち）が基本で、先に来た釣り人にその場所を釣る権利がある（ということになっている）。

次に、その釣り人が上流に向かっているのか、下流に向かっているかを確認する。一般的には上流に向かっている釣り人が多い。もし、その釣り人が上流に向かっているようであれば、その下流を釣ることに問題はない。しかし、もしあなたがどうしても上流側を釣りたかったら、その釣り人が半日釣ることができる距離を残して、さらにその上流を釣るようにしよう。人によって釣りのペースはまちまちだから一概には言えないが、幅10メートルの渓流であれば、3キロほどの流程があれば十分だろう。肝腎なのは、あなたがその釣り人に成り切ることだ。もしあなたが先に釣っていて、後からやって来た釣り人が割り込んで釣りを始めたら腹立たしい距離を推測しよう。しかしながら、川幅が広い規模の大きな河川では話が違ってくる。例えばアイダホのヘンリーズ・フォーク。6月末に有名なデッキに立つと、見渡す限り釣り人だらけである。グリーンドレイクの羽化する最盛期ともなれば、釣り人は特定したライズを狙ってその場を動かなくなる。そんな時は半径50メートル以上の距離を空け、その外側でライズを探そう。

逆にせいぜい川幅五メートル程度の支流で上流に向かっている釣り人がいたら、もうその川で釣りをするのは諦めた方がいい。

というように、数多くの例外やバリエーションがありながらも、肝腎なのは1点だ。あなたが嫌がるだろうことを、他人にやってはいけないだけの話である。—KD

247 世界の終わり

状況：私はクライアントを乗せて、ボートで川を下りながらガイドをしている。私が指示したポイントでクライアントはモンスター・ブラウントラウトを掛けた。数分間のやり取りの後、魚はバレてゲームオーバーとなってしまう。息も絶え絶えに激しく落ち込んでいるアングラーの99％は世界が終わってしまうような哀しげな顔をしてこう言う。

クライアント：「何が悪かったんだろう？」

補足：本当に99％のクライアントがそう言うのだ。まるで失恋したティーン・エイジャーが「ぼくの何が気に入らなかったんだろう」と言うように、初老の紳士がそう呟くのである。見ている方が辛い。ちなみに残りの1％は英語が話せない。

私の返事：バージョン1（ティペットが切れた場合）：「プレッシャーを掛け過ぎたかもしれませんね。でもいい線までいったじゃないですか、ナイスファイトです」

私の返事：バージョン2（アングラーにミスはないのにフライが外れた場合）：「何ひとつミスはありませんでした。見たことがないほど完璧な、プロ並みのハンドリングでした」

バージョン2は気休めではない。本当のことなのだ。釣り人にミスがなければ必ず釣り上げられるというわけでもない。世の中にはキャッチできない魚もいる。悲しんではいけない。キャッ

チできないことも釣りの一部なのだ。また別の出会いがあるさ。—KD

248 両刀遣い

アップストリームで釣りをする時、一般的に右利きの釣り人は左岸（下流に向かって左側の岸）側に立ち込んで（もしくは岸から）釣りたがる。キャストの際に枝などの障害物がなく、水面があるだけのスペースを右側に取りたいからだ。しかし、川の構造によっては左岸側が崖で、直下に深みがあって、ウェーディングができないケースもままある。そんな場合は右岸側からキャストするしかない。また、身体の利き腕側から強い風が吹いている時は、岸の左右を問わず、ロッドを身体の利き腕と逆側に傾けてキャストするか、バックハンド・キャストするしかない。

野球にスイッチ・ヒッターがいるように、フライフィッシャーにもスイッチ・キャスターがいる。どれだけ便利か想像もできない憧れのスキルだったが、イエローストーン・リバーでガイドをしているキム・レイトンが、スイッチ・キャスターになるための第一歩を教えてくれた。以下が、利き手ではない方の手でキャストを始めるための初歩トレーニングだ。利き手を使って普段通りにキャストするが、その際、利き手ではない方の手でリールを優しく握っておく。つまり両手でキャストするイメージだ。これを繰り返すことでタイミングとテンポの感覚が養われる。キャスティングトレーナーがあなたの右腕をつかんでリズムを教えるように、右腕のリズムを左腕に教えるのだ。諦めずに練習を繰り返せば、やがて片手から片手へと移行できるようになる。キャスティングをマスターしなければフライフィッシングができないと信じて、熱心に練習していたビギナー時代を思い出そう。例え、釣り場で右手と同じようにキャストできなくても問題ない。ムリに利き腕を使うよりも有利になれば、それだけでもしめたものだ。―KD

249 追突事故の責任

ドリフトボートでの釣りは、フライフィッシングの中でも最も楽しい経験のひとつだ。刻々と移りゆく美しい景色を見ながら、居間でテレビを観るようにのんびり坐ったまま釣ることができる。しかも、一級ポイントにガイドが案内してくれるのだ。楽しくない方がおかしい。ガイドにしても、クライアントの笑顔を見れば、この仕事をやっていて良かったという喜びが湧いてくる。しかしながら人生にそうそう理想的な瞬間が続くはずもなく、時おり仕事の選択に失敗したと思うことがある。それは、ボートに乗ったふたりのクライアントがお互いのリグを絡め合ってしまった時だ。しかもそのアクシデントは、なぜかいつも最高のポイントに案内した時に起こる。ふたりともここぞとばかりに張り切ってしまうらしい。

この問題を解決するためのシンプルなルールがある。全フィッシングガイドを代表して、議論や言い訳は受け付けない。ボートに乗るクライアントの皆さんに理解してもらいことはただひとつ。後ろに乗っている釣り人に全責任がある。これだけは分かってほしい。どんな言い訳があったとしても、停車中の車にぶつけた側に１００％の責任があるように、友人、もしくはパートナーの後ろで釣っている釣り人に全責任がある。船首のアングラーを見て、それに合わせてキャストのタイミングを取るのは、私ではなく、後ろでキャストする釣り人なのだ。慣れてくると、自分の責任ある立場を楽しめるようになる。３人チームのクォーターバックなのだから。―ＫＤ

250　最後に

冒頭で、読者は内容のすべてに同意できないかもしれないと書いた。結局のところ、ここにあるのはふたりのフライフィッシャーのそれぞれのキャリアから導き出したヒントであって、必ずしもそれが、読者全員に当てはまるとは思っていない。これもまた書いたように、人はそれぞれ固有の精神と肉体を持っているため、自分自身で独自の結論を導き出すしかないのだ。ただ、フライフィッシングは地平が広く、かつ奥が深く、迷子になりやすいスポーツだけに、悩んだ時の相談窓口や、迷った時の道標が必要であることも事実だ。この本に記した２４９のヒントが役に立たずとも、たったひとつでいいから、今のあなたの役に立ってくれればそれでいい。一歩だけでも前に進めばまた新たな視野が生まれるはずだから。―ＫＤ＆ＣＭ

著者紹介

カーク・ディーター (Kirk Deeter) アウトドアライター。著書に"The Orvis Guide to Fly Fishing for Carp"などがあり、鱒釣りのみならず、鯉やソルトウオーターのフライフィッシングに関する著作がある。フィールド・アンド・ストリーム、フライフィッシャーマン、ロッド・アンド・リールといったアウトドア、およびフライフィッシング雑誌に記事を掲載する常連ライター。トラウト・アンリミテッドのプレジデントであるクリス・ハントと共に、２０２２年に本書の続編『ザ・リトル・ブラック・ブック・オブ・フライフィッシング』を刊行予定。

チャーリー・マイヤーズ (Charlie Meyers) コロラドの新聞社、ザ・デンバー・ポストのアウトドア部門の元責任者であり、フィールド・アンド・ストリームの古くからの常連ライター。本書の刊行を待たず、２０１０年に72歳で逝去。マイヤーズの功績を称えて、コロラド州でフライフィッシャーに最も人気がある河川のひとつ、サウスプラット・リバーの「ドリーム・セクション」と呼ばれてきた流域が、コロラド州の当局から正式に「ザ・チャーリー・マイヤーズ・ステイト・ワイルドライフ・エリア」と名付けられた。現在その地にはマイヤーズの名が彫られた石碑が立っている。

The Little Red Book of Fly Fishing

――鱒釣師のための250のヒント集

訳者　阪東幸成

2021年10月8日　初版第1刷発行

装丁　ふらい人書房　編集部
発行日　2021年10月8日　第1版
発行者　ふらい人書房
印刷所　株式会社　藤プリント
発行所　ふらい人書房
東京都町田市三輪緑山2-25-21

HP　www.flybito.net
e-mail　flybito@me.co

ISBN978-4-909174-08-6